Praxis Deutsch

Christiane Vatter-Wittl

Die Rechtschreibkartei

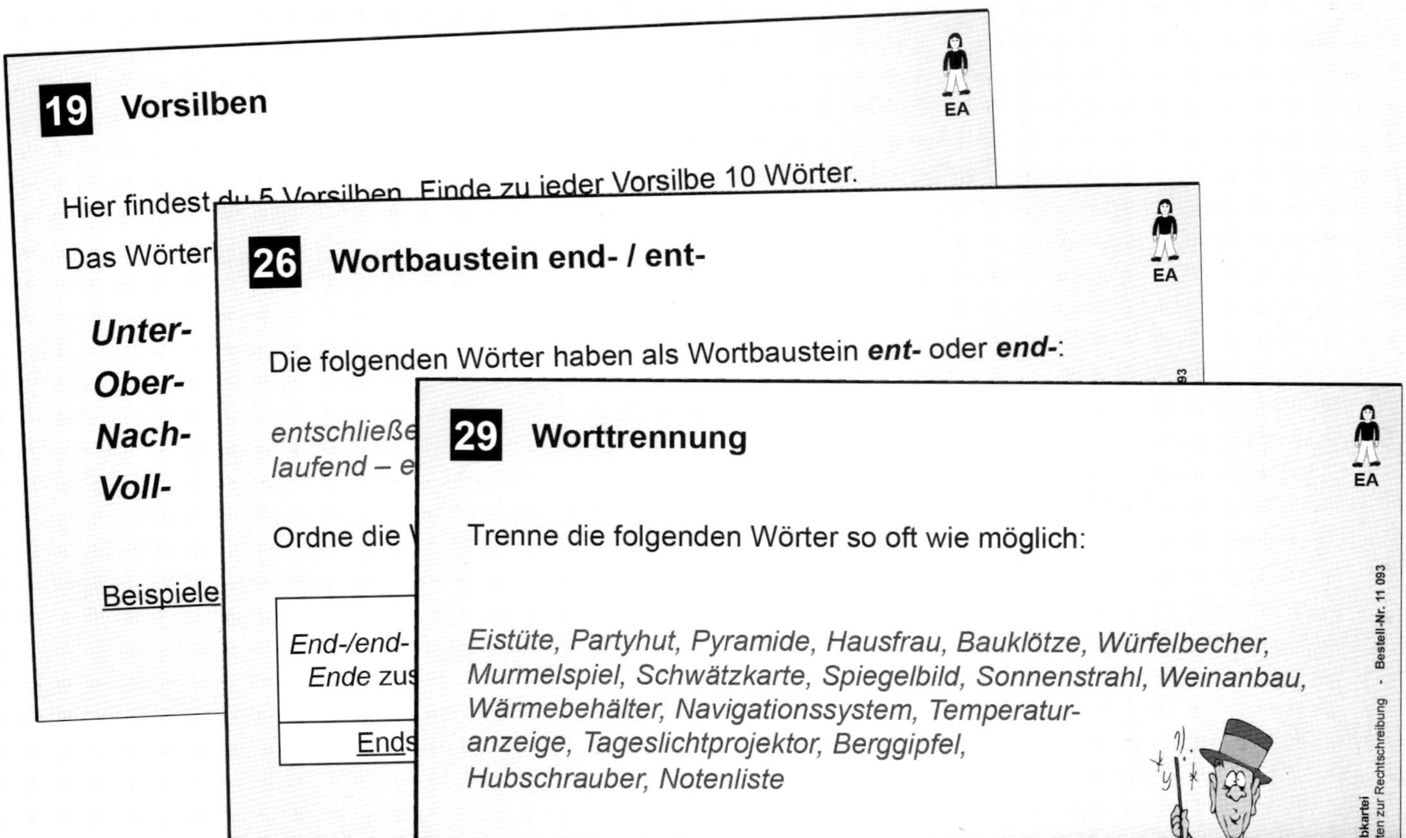

120 Aufgabenkarten mit Lösungen

Ein umfangreiches Lernprogramm

zum Vertiefen,
zum Festigen,
zum Individualisieren
zum Differenzieren

Lernen mit Erfolg
KOHL VERLAG
Der Verlag mit dem Baum
www.kohlverlag.de

Die Rechtschreibkartei

120 Aufgabenkarten mit Lösungen

2. Auflage 2013

Inhalt: Christiane Vatter-Wittl
Grafik & Satz: Kohl-Verlag
Druck: Medienzentrum Süd, Köln

Bestell-Nr. 11 093

ISBN: 978-3-86632-316-2

Inhalt

Die Rechtschreibkartei
120 Aufgabenkarten zur Rechtschreibung - Bestell-Nr. 11 093
KOHL VERLAG
www.kohlverlag.de

Vorwort

Liebe Kolleginnen und Kollegen,

mit der Rechtschreibkartei halten Sie vielfältiges Übungsmaterial in den Händen, das auf die unterschiedlichste Art und Weise genutzt werden kann.
Eine umfangreiche Kartei, um bereits Erlerntes zu vertiefen und zu festigen. Unverzichtbar in einem ganzheitlichen Deutschunterricht. Die Kartei ist in allen Bereichen des Deutschunterrichtes verwendbar. Auch auszugsweise kann in den verschiedenen Teilbereichen, zum Beispiel im Rahmen der Individualisierung und Differenzierung sowie in Lerntheken zu den verschiedenen Themen, gearbeitet werden. Ebenso ist die Kartei in der Freiarbeit, der Wochenplanarbeit oder für Vertretungsstunden hervorragend geeignet. In verschiedenen Aufgaben werden unter anderem Themen wie die Groß- und Kleinschreibung, Wortfelder, Wortfamilien, Trennung, Wortbedeutungen, Ober- und Unterbegriffe, Doppelvokale und -konsonanten (u.v.m.) behandelt. Außerdem gibt es motivierende Rechtschreibspiele rund um die Wortschatzarbeit.

Die Karten können zum jeweiligen Stundenthema im Rechtschreibunterricht als zusätzliche Übungen eingeflochten werden. Einige Karten eignen sich auch als Einstiegsübungen, durch welche die Schülerinnen und Schüler zusätzlich motiviert werden, am Thema zu arbeiten. Die Karten sind jederzeit als Differenzierungsmaterial einsetzbar. Oder auch im integrativen Aufsatzunterricht, wenn man zur jeweiligen Aufsatzart die entsprechenden Wortfelder behandeln möchte. Auch wenn die Zeit dafür eigentlich mal wieder knapp ist. Ebenso können die Materialien zur Vertiefung und Sicherung angewendet werden.

Zu jeder Karte finden sich auf der Rückseite Lösungsbeispiele. Es empfiehlt sich, die Aufgabenkarten auf dickeres Papier zu kopieren und/oder zu laminieren. Ob Sie den Schülerinnen und Schülern die Lösungen zur Selbstkontrolle anbieten, bleibt ganz Ihnen überlassen.

Die Rechtschreibkartei kann zum jeweiligen Thema gut als Lernzirkel eingesetzt werden oder auch in Freiarbeitsphasen oder zur Arbeit mit dem Wochenplan verwendet werden. Auch für Berufsanfänger ist die Kartei eine gute Hilfestellung, um bestimmte Themen zu wiederholen bzw. zu vertiefen. Optimal ist die Kartei auch für Vetretungsstunden, da durch die Vielfältigkeit und die große Themenauswahl keine Zeit für eventuelle Unterrichtsstörungen bleibt.

Ich arbeite bereits seit Jahren mit dieser Rechtschreibkartei und meine Schülerinnen und Schüler haben jede Menge Spaß, ihre Rechtschreibleistungen mit den ansprechenden Materialien selbsttätig zu verbessern.

Viel Freude und Erfolg beim Einsatz der vorliegenden Rechtschreibkartei wünschen Ihnen der Kohl-Verlag und

Christiane Vatter-Wittl

1 Groß- & Kleinschreibung

EA

Nomen/Substantive (Namenwörter) kann man an ihrem Artikel (Begleiter) erkennen. Überlege dir 15 verschiedene Nomen/ Substantive und schreibe sie mit ihrem Artikel auf.

<u>Beispiele</u>: der Koch, die Schaukel ...

Die Rechtschreibkartei
120 Aufgabenkarten zur Rechtschreibung - Bestell-Nr. 11 093
KOHL VERLAG Der Verlag mit dem Baum
www.kohlverlag.de

2 Groß- & Kleinschreibung

EA

Überlege dir 5 Verben oder Adjektive, die wie Nomen/Substantive großgeschrieben werden. Schreibe das „Erkennungswort“ dazu.

<u>Beispiele</u>: viel Neues, das Zarte ...

Die Rechtschreibkartei
120 Aufgabenkarten zur Rechtschreibung - Bestell-Nr. 11 093
KOHL VERLAG Der Verlag mit dem Baum
www.kohlverlag.de

1 **Groß- & Kleinschreibung** **Lösung**

Mögliche Lösung:

der Stuhl, das Kissen, die Limonade, der Computer,
das Spiel, der Pokal, die Turmuhr, die Burg,
der Säugling, das Fräulein, das Bonbon,
der Blumenstock, die Terrasse, das Autohaus,
die Dächer

KOHL VERLAG Der Verlag mit dem Baum www.kohlverlag.de
Die Rechtschreibkartei
120 Aufgabenkarten zur Rechtschreibung - Bestell-Nr. 11 093

---

2 **Groß- & Kleinschreibung** **Lösung**

Mögliche Lösung:

zum Mitnehmen, beim Schreiben, das Scharfe,
beim Lügen, vom Wandern, ins Wanken, fürs Erste,
das Beste, zum Turnen, die Kleinen, das Reiten,
zum Schwimmen

KOHL VERLAG Der Verlag mit dem Baum www.kohlverlag.de
Die Rechtschreibkartei
120 Aufgabenkarten zur Rechtschreibung - Bestell-Nr. 11 093

3 Groß- & Kleinschreibung

EA

Finde zu jeder der folgenden Nachsilben vier Nomen/Substantive (Namenwörter):

-tum, -heit, -keit, -schaft, -ung, -nis

Erstelle eine Tabelle.

-tum	-heit	-keit	-schaft	-ung	-nis
	Gesundheit			Dämmerung	

Die Rechtschreibkartei
120 Aufgabenkarten zur Rechtschreibung - Bestell-Nr. 11 093
KOHL VERLAG Der Verlag mit dem Baum
www.kohlverlag.de

---

4 Groß- & Kleinschreibung

PA

<u>Partnerübung</u>

Schreibe einen kurzen Lückentext zum heutigen Schultag.
Lasse alle Anfangsbuchstaben der Wörter weg.
(z.B. _ie _ause _ar _ustig.)

_ans _at _ich _eärgert.
_ie _atheprobe _ar _ehr _chwer.
_as _orgengebet _ar _ehr _ang.
_er _portunterricht _ar _ehr _nstrengend.

Dein Partner muss die fehlenden Buchstaben einsetzen. Kontrolliere, ob er alles richtig gemacht hat.

Die Rechtschreibkartei
120 Aufgabenkarten zur Rechtschreibung - Bestell-Nr. 11 093
KOHL VERLAG Der Verlag mit dem Baum
www.kohlverlag.de

3 Groß- & Kleinschreibung

Lösung

Mögliche Lösungen:

-tum = Brauchtum, Reichtum
-heit = Gewohnheit, Sicherheit, Dummheit, Schönheit, Gleichheit, Bosheit
-keit = Dankbarkeit, Ehrlichkeit, Genauigkeit, Süßigkeit, Geschwindigkeit, Bitterkeit
-schaft = Freundschaft, Eigenschaft, Landschaft, Mannschaft, Gemeinschaft, Meisterschaft, Wirtschaft
-ung = Schulung, Dämmerung, Nummerierung, Aktivierung, Unterstützung, Substantivierung
-nis = Finsternis, Hindernis, Erschwernis, Ereignis, Wildnis, Zeugnis, Ärgernis

KOHL VERLAG Der Verlag mit dem Baum www.kohlverlag.de
Die Rechtschreibkartei
120 Aufgabenkarten zur Rechtschreibung - Bestell-Nr. 11 093

4 Groß- & Kleinschreibung

Lösung

Die Pause war lustig.
Hans hat mich geärgert.
Die Matheprobe war sehr schwer.
Das Morgengebet war sehr lang.
Der Sportunterricht war sehr anstrengend.

KOHL VERLAG Der Verlag mit dem Baum www.kohlverlag.de
Die Rechtschreibkartei
120 Aufgabenkarten zur Rechtschreibung - Bestell-Nr. 11 093

5 Wortarten

EA

<u>Verändere die Wörter</u>:

- Bringe Nomen/Substantive in die Mehrzahl, Bsp: Abgas - Abgase
- Steigere die Adjektive (<u>Beispiel</u>: sorgfältig – sorgfältiger)
- Setze die Verben in die Vergangenheit (<u>Beispiel</u>: hebt – hob)

angeblich - anstrengend - fremd - Ausweis - Bad - Grashalm - Betrugsversuch - beweglich - Beweismittel - biegsam - Diebstahl - empfindlich - Schadstoff - Endlauf - Urlaubsfahrt - eng - erheblich - erlaubt - Falschgeld - fängt - Felsbrocken - freundlich - getrübt - gelb - Geduldsfaden - Abgas - gibt - Glasscheibe - Halswirbel - lesbar - zeigt - Handtasche - hängt - hebt - klebt - Kleid - kreisförmig - Lobrede - Radwechsel - Schlagloch - sorgfältig - Sprungtuch - Staubtuch - unerträglich - vergeblich - schieben - vertiefen - Kieferbruch - schließlich - Vorfahrt - Kriegsschauplatz - Informationsstelle - Liegestuhl - Fliegenklatsche - Stilbruch - Niemandsland

KOHL VERLAG Der Verlag mit dem Baum
Die Rechtschreibkartei
120 Aufgabenkarten zur Rechtschreibung - Bestell-Nr. 11 093
www.kohlverlag.de

---

6 Wortarten

PA

Lass dir die folgenden schwierigen Wörter von einem Partner diktieren. Tauscht danach die Rollen. Wer hat weniger Fehler?

angeblich - anstrengend - fremd - Ausweis - Bad - Grashalm - Betrugsversuch - beweglich - Beweismittel - biegsam - Diebstahl - empfindlich - Schadstoff - Endlauf - Urlaubsfahrt - eng - erheblich - erlaubt - Falschgeld - fängt - Felsbrocken - freundlich - getrübt - gelb - Geduldsfaden - Abgas - gibt - Glasscheibe - Halswirbel - lesbar - zeigt - Handtasche - hängt - hebt - klebt - Kleid - kreisförmig - Lobrede - Radwechsel - Schlagloch - sorgfältig - Sprungtuch - Staubtuch - unerträglich - vergeblich - schieben - vertiefen - Kieferbruch - schließlich - Vorfahrt - Kriegsschauplatz - Informationsstelle - Liegestuhl - Fliegenklatsche - Stilbruch - Niemandsland

KOHL VERLAG Der Verlag mit dem Baum
Die Rechtschreibkartei
120 Aufgabenkarten zur Rechtschreibung - Bestell-Nr. 11 093
www.kohlverlag.de

5 Wortarten

Lösung

angeblicher, anstrengender, fremder, Ausweise, Bäder, Grashalme, Betrugsversuche, beweglicher, Beweismittel, biegsamer, Diebstahl, empfindlicher, Schadstoffe, Endläufe, Urlaubsfahrten, enger, erheblicher, erlaubte, Falschgelder, fing, Felsbrocken, freundlicher, getrübter, gelber, Geduldsfäden, Abgase, gab, Glasscheiben, Halswirbel, lesbarer, zeigte, Handtaschen, hing, hob, klebte, Kleider, kreisförmiger, Lobreden, Radwechsel, Schlaglöcher, sorgfältiger, Sprungtücher, Staubtücher, Vorfahrten, Kriegsschauplätze, Informationsstellen, schließlich, Fliegenklatschen, Stilbrüche, Niemandsland

KOHL VERLAG Der Verlag mit dem Baum www.kohlverlag.de Die Rechtschreibkartei 120 Aufgabenkarten zur Rechtschreibung - Bestell-Nr. 11 093

6 Wortarten

Lösung

Tragt hier ein, welche Fehler der jeweilige Partner gemacht hat.

gemachte Fehler Partner A	gemachte Fehler Partner B

KOHL VERLAG Der Verlag mit dem Baum www.kohlverlag.de Die Rechtschreibkartei 120 Aufgabenkarten zur Rechtschreibung - Bestell-Nr. 11 093

7 Wortarten

EA

Lege dir eine Tabelle mit drei Spalten an. Ordne die Wörter nach ihrer Wortart.

Nomen/Substantive	Verben	Adjektive

angeblich - anstrengend - fremd - Ausweis - Bad - Grashalm - Betrugsversuch - beweglich - Beweismittel - biegsam - Diebstahl - empfindlich - Schadstoff - Endlauf - Urlaubsfahrt - eng - erheblich - erlaubt - Falschgeld - fängt - Felsbrocken - freundlich - getrübt - gelb - Geduldsfaden - Abgas - gibt - Glasscheibe - Halswirbel - lesbar - zeigt - Handtasche - hängt - hebt - klebt - Kleid - kreisförmig - Lobrede - Radwechsel - Schlagloch - sorgfältig - Sprungtuch - Staubtuch - unerträglich - vergeblich - schieben - vertiefen - Kieferbruch - schließlich - Vorfahrt - Kriegsschauplatz - Informationsstelle - Liegestuhl - Fliegenklatsche - Stilbruch - Niemandsland

Die Rechtschreibkartei
120 Aufgabenkarten zur Rechtschreibung - Bestell-Nr. 11 093
KOHL VERLAG Der Verlag mit dem Baum
www.kohlverlag.de

8 Wortarten

EA

Ordne die Wörter in einer Tabelle nach Nomen/Substantiven, Verben und Adjektiven.

Nomen/Substantive	Verben	Adjektive

Hungerlohn – erfreulich – Maskottchen – lustig – ängstlich – Betriebsfeier – spielen – Maskenball – maskieren – schreien – flüssig – singen – leicht – Computerraum – verschieben – nett – Schule – blass – Quark – Quatsch – putzen – sieben – befreien – fest – Putzfrau – Milch – backen – fernsehen – schieben – sammeln – Lehrer – Klassenzimmer – wischen – müde – schlafen – gehorchen – Unfug – lieblich – hübsch

Die Rechtschreibkartei
120 Aufgabenkarten zur Rechtschreibung - Bestell-Nr. 11 093
KOHL VERLAG Der Verlag mit dem Baum
www.kohlverlag.de

7 Wortarten

Lösung

Nomen/Substantive	Verben	Adjektive
Ausweis, Bad, Grashalm, Betrugsversuch, Beweismittel, Diebstahl, Schadstoff, Endlauf, Urlaubsfahrt, Falschgeld, Felsbrocken, Geduldsfaden, Abgas Glasscheibe, Halswirbel, Handtasche, Kleid, Lobrede, Radwechsel, Schlagloch, Sprungtuch, Staubtuch, Kieferbruch, Vorfahrt, Kriegsschauplatz, Informationsstelle, Liegestuhl, Fliegenklatsche, Stilbruch, Niemandsland	erlaubt gibt fängt zeigt hängt hebt klebt	angeblich anstrengend fremd beweglich biegsam empfindlich, eng erheblich freundlich getrübt kreisförmig unerträglich vergeblich lesbar

Die Rechtschreibkartei
120 Aufgabenkarten zur Rechtschreibung - Bestell-Nr. 11 093
KOHL VERLAG Der Verlag mit dem Baum
www.kohlverlag.de

8 Wortarten

Lösung

Nomen/Substantive:

Hungerlohn, Maskottchen, Betriebsfeier, Maskenball, Computerraum, Schule, Quark, Quatsch, Putzfrau, Milch, Lehrer, Klassenzimmer, Unfug

Verben:

spielen, maskieren, schreien, singen, verschieben, putzen, sieben, befreien, backen, fernsehen, schieben, sammeln, wischen, schlafen, gehorchen

Adjektive:

erfreulich, lustig, ängstlich, flüssig, leicht, nett, blass, fest, müde, lieblich, hübsch

Die Rechtschreibkartei
120 Aufgabenkarten zur Rechtschreibung - Bestell-Nr. 11 093
KOHL VERLAG Der Verlag mit dem Baum
www.kohlverlag.de

9 Doppelkonsonanten

PA

Mittagessen. Löffelgeklapper. Jupp hat keinen Appetit und kippelt mit seinem Stuhl. Plötzlich kann er nicht mehr stoppen, schnappt die Tischdecke – und mit ihm scheppert sein Suppenteller zu Boden und verfehlt nur knapp den Hund. „Du Depp!“, ruft sein Bruder Jan und lacht sich schlapp. Jupp rappelt sich auf und ist doppelt gestraft, er muss mit dem Wischmopp die Küche putzen und sich dazu Jans Fopperei anhören: „Ein Stuhl ist keine Wippe!“

- Schreibe alle Wörter mit Doppelkonsonanten (ss, pp, tt ...) aus dem Text oben heraus.

- Diktiere sie deinem Partner.

Die Rechtschreibkartei
120 Aufgabenkarten zur Rechtschreibung - Bestell-Nr. 11 093
KOHL VERLAG Der Verlag mit dem Baum
www.kohlverlag.de

10 Doppelkonsonanten

EA

Schreibe alle Wörter mit **Doppelkonsonanten** (z.B. ss, kk) in dein Heft und markiere die **Doppelkonsonanten** farbig.

Achtung: Nicht alle haben Doppelkonsonanten!

Nussknacker – Pfiff – Höhlenforscher – Sternenhimmel – Mondfähre – Astronaut - Brotkasten – Schokoladenlutscher – Produzent – Milchglasscheibe – Teetasse – Brotmesser – Kaffeefilter – Rotzlöffel – Dehnung – Aerobic – schwimmen – Schimmel – Pferd – Waise – joggen – Erkältung – Wasserhahn – Grippe – Süden – Vogelnest – beim – Rettungsschwimmer – Angler – Orangensalat – Papiertonne – Abfallbehälter – Eimer – Sicherungskasten – Fernseher

Die Rechtschreibkartei
120 Aufgabenkarten zur Rechtschreibung - Bestell-Nr. 11 093
KOHL VERLAG Der Verlag mit dem Baum
www.kohlverlag.de

9 Doppelkonsonanten

Lösung

Mi**tt**age**ss**en. Lö**ff**elgekla**pp**er. Ju**pp** hat keinen A**pp**etit und ki**pp**elt mit seinem Stuhl. Plötzlich ka**nn** er nicht mehr sto**pp**en, schna**pp**t die Tischdecke – und mit ihm sche**pp**ert sein Su**pp**ente**ll**er zu Boden und verfehlt nur kna**pp** den Hund. „Du De**pp**!“, ruft sein Bruder Jan und lacht sich schla**pp**. Ju**pp** ra**pp**elt sich auf und ist do**pp**elt gestraft, er mu**ss** mit dem Wischmo**pp** die Küche putzen und sich dazu Jans Fo**pp**erei anhören: „Ein Stuhl ist keine Wi**pp**e!“

KOHL VERLAG Der Verlag mit dem Baum www.kohlverlag.de
Die Rechtschreibkartei 120 Aufgabenkarten zur Rechtschreibung - Bestell-Nr. 11 093

10 Doppelkonsonanten

Lösung

Nussknacker, Pfiff, Sternenhimmel, Milchglasscheibe, Teetasse, Brotmesser, Kaffeefilter, Rotzlöffel, schwimmen, Schimmel, joggen, Wasserhahn, Grippe, Rettungsschwimmer, Papiertonne, Abfallbehälter

KOHL VERLAG Der Verlag mit dem Baum www.kohlverlag.de
Die Rechtschreibkartei 120 Aufgabenkarten zur Rechtschreibung - Bestell-Nr. 11 093

11 Doppelvokal

EA

Schreibe alle Wörter mit **Doppelvokal** (z.B. au, ei, ee, ...) in dein Heft und markiere die **Doppelvokale** farbig.

Nussknacker – Pfiff – Höhlenforscher – Sternenhimmel – Mondfähre – Astronaut – Brotkasten – Schokoladenlutscher – Produzent – Milchglasscheibe – Teetasse – Brotmesser – Kaffeefilter – Rotzlöffel – Dehnung – Aerobic – schwimmen – Schimmel – Pferd – Waise – joggen – Erkältung – Wasserhahn –Grippe – Süden – Vogelnest – beim – Rettungsschwimmer – Angler – Orangensalat – Papiertonne – Abfallbehälter – Eimer – Sicherungskasten – Fernseher

Die Rechtschreibkartei
120 Aufgabenkarten zur Rechtschreibung - Bestell-Nr. 11 093
KOHL VERLAG www.kohlverlag.de

12 Dehnung

EA

Setze die folgenden Verben in die erste Vergangenheit (ins Präteritum). Schreibe sie in der 3. Person Singular (er/sie/es) auf.

<u>Beispiel</u>: rufen – er rief

rufen, schreiben, scheinen, fallen, raten, schlafen, steigen, schreien, schweigen, stoßen, pazieren, informieren, lieben, nummerieren

Die Rechtschreibkartei
120 Aufgabenkarten zur Rechtschreibung - Bestell-Nr. 11 093
KOHL VERLAG www.kohlverlag.de

11 Doppelvokal

Lösung

Astron**au**t, Milchglassch**ei**be, T**ee**tasse, Kaff**ee**filter, **Ae**robic, W**ai**se, b**ei**m, Pap**ie**rtonne, **Ei**mer

KOHL VERLAG Der Verlag mit dem Baum www.kohlverlag.de
Die Rechtschreibkartei 120 Aufgabenkarten zur Rechtschreibung - Bestell-Nr. 11 093

12 Dehnung

Lösung

er rief, er schrieb, er schien, er fiel, er riet, er schlief, er stieg, er schrie, er schwieg, er stieß, er spazierte, er informierte, er liebte, er nummerierte

KOHL VERLAG Der Verlag mit dem Baum www.kohlverlag.de
Die Rechtschreibkartei 120 Aufgabenkarten zur Rechtschreibung - Bestell-Nr. 11 093

13 Dehnung

PA

Diktiere dir die folgenden Wörter abwechselnd mit deinem Partner. Wer macht weniger Fehler?

Spaziergang, Spiegel, Ziel, Tinte, Miete, Frieden, Dienstag, Biene, Kiefer, Krieg, Lied, schließen, spazieren, frieren, informieren, kriechen, nummerieren, Erfrierung, Vertiefung, Gießkanne, friedlich, schließlich, niemals, siebzig, Schwierigkeit

Die Rechtschreibkartei
120 Aufgabenkarten zur Rechtschreibung - Bestell-Nr. 11 093
KOHL VERLAG Der Verlag mit dem Baum
www.kohlverlag.de

14 Dehnung

EA

Alex wohnte mit seinen Eltern schon ein Jahr in der neuen Wohnung. Sie fühlten sich wohl, aber sie hatten es noch nicht geschafft, alles fertig einzurichten. Immer fehlte noch etwas. Am Wochenende wollten sie die letzten Bilderrahmen aufhängen. Aber die Wände waren hohl. Mit der Bohrmaschine war man schnell fertig, doch nun fehlten besondere Dübel. Alex nahm sein Fahrrad und fuhr schnell zum Baumarkt, der noch geöffnet hatte.

- Schreibe alle Wörter mit Dehnungs-h aus dem Text heraus.
- Markiere die Dehnung farbig.

Die Rechtschreibkartei
120 Aufgabenkarten zur Rechtschreibung - Bestell-Nr. 11 093
KOHL VERLAG Der Verlag mit dem Baum
www.kohlverlag.de

13 **Dehnung**

Lösung

Lösung siehe Vorderseite.

14 **Dehnung**

Lösung

wohnte, Jahr, Wohnung, fühlten, wohl, fehlte, Bilderrahmen, hohl, Bohrmaschine, fehlten, nahm, Fahrrad, fuhr

15 Dehnung

EA

Schreibe zehn Wörter mit Dehnungs-h auf einen Notizzettel. Lege die Zettel im Klassenzimmer aus und übe die Wörter in einem Laufdiktat.

Falls dir keine Wörter einfallen, kannst du die Wörter aus dem Text unten nehmen.

> Allmählich wurde es Frühling. Die Zugvögel kehrten nach Hause zurück und die Krokusse begannen zu blühen. Es war noch etwas kühl draußen, aber Marie sehnte sich danach, ohne Jacke herumzutoben. Sie zählte schon die Tage bis zu den Frühlingsferien. Da wollte sie bei ihrer Tante wohnen, die in einer Mühle zu Hause war. Das war immer sehr aufregend, denn sie hatte noch nicht das ganze Gebäude erkundet. Sie ahnte, dass es noch viel zu entdecken gab. Während die Tante ihre Mahlzeiten wieder mit selbst gemahlenem Mehl zubereitete, würde sie den unheimlichen Dachboden untersuchen.

Die Rechtschreibkartei
120 Aufgabenkarten zur Rechtschreibung - Bestell-Nr. 11 093
KOHL VERLAG
www.kohlverlag.de

16 Dehnungs-h

EA

In welchen Wörtern steckt ein **Dehnungs-h**?
Schreibe die Wörter mit **Dehnungs-h** in dein Heft und markiere das **Dehnungs-h** farbig.

Nussknacker – Pfiff – Höhlenforscher – Sternenhimmel – Mondfähre – Astronaut - Brotkasten – Schokoladenlutscher – Produzent – Milchglasscheibe – Teetasse – Brotmesser – Kaffeefilter – Rotzlöffel – Dehnung – Aerobic – schwimmen – Schimmel – Pferd – Waise – joggen – Erkältung – Wasserhahn – Grippe – Süden – Vogelnest – beim – Rettungsschwimmer – Angler – Orangensalat – Papiertonne – Abfallbehälter – Eimer – Sicherungskasten – Fernseher

Die Rechtschreibkartei
120 Aufgabenkarten zur Rechtschreibung - Bestell-Nr. 11 093
KOHL VERLAG
www.kohlverlag.de

15 Dehnung

Lösung

allmählich, Frühling, kehrten, blühen, kühl, sehnte, ohne, zählte, Frühlingsferien, ihrer, wohnen, Mühle, sehr, ahnte, während, Mahlzeiten, gemahlenem, Mehl

KOHL VERLAG Der Verlag mit dem Baum www.kohlverlag.de
Die Rechtschreibkartei 120 Aufgabenkarten zur Rechtschreibung - Bestell-Nr. 11 093

16 Dehnungs-h

Lösung

H**öh**lenforscher, Mondf**äh**re, D**eh**nung, Wasserh**ah**n,

Abfallb**eh**älter, Ferns**eh**er

(In diesen Fällen handelt es sich allerdings nicht um ein Dehnungs-h.)

KOHL VERLAG Der Verlag mit dem Baum www.kohlverlag.de
Die Rechtschreibkartei 120 Aufgabenkarten zur Rechtschreibung - Bestell-Nr. 11 093

17 s-Laute

EA

Sebastians Hose hatte einen Riss. Es hatte so viel Spaß gemacht, mit seinen Freunden über die Wiese zu tollen. Aber nun musste er es seinem Vater beichten, und der konnte nicht nähen. Seine Mutter, die sonst diese Aufgaben übernahm, war zur Kur. Er fasste Mut und nahm eine Rose mit, die er am Fluss gepflückt hatte. Sein Vater war gar nicht sauer, als Sebastian die aufgerissene Hose zeigte. Er lachte und erzählte von den vielen Hosen, die sein Vater geflickt hatte. Der war nämlich Schneider.

Schreibe alle Wörter mit „s“ aus dem Text heraus und ordne sie nach dem Alphabet.

Sicher fällt dir auch eine Merkhilfe für die Schreibweise ein.

Die Rechtschreibkartei
120 Aufgabenkarten zur Rechtschreibung - Bestell-Nr. 11 093
KOHL VERLAG Der Verlag mit dem Baum
www.kohlverlag.de

18 Vorsilbe „Über-/über-“

EA

Versuche mit der Vorsilbe ***„Über-/über-“*** so viele Wörter wie möglich zu bilden.

Wenn du sehr gut bist, schaffst du mindestens 30.

Es macht nichts, wenn dir nicht alle einfallen, aber 15 findest du bestimmt!

Die Rechtschreibkartei
120 Aufgabenkarten zur Rechtschreibung - Bestell-Nr. 11 093
KOHL VERLAG Der Verlag mit dem Baum
www.kohlverlag.de

17 s-Laute

Lösung

als, aufgerissene, diese, Es, es, fasste, Fluss, Hose, Hose, Hosen, musste, Riss, Rose, sauer, Schneider, Sebastian, Sebastians, Sein, sein, Seine, seinem, seinen, so, sonst, Spaß, Wiese

KOHL VERLAG Der Verlag mit dem Baum www.kohlverlag.de
Die Rechtschreibkartei 120 Aufgabenkarten zur Rechtschreibung - Bestell-Nr. 11 093

18 Vorsilbe „Über-/über-“

Lösung

Mögliche Lösungen:

Über-/über-

-all, -rest, -holspur, -see, -wurf, -flieger, - stunde, -dacht, -morgen, -holen, -mütig, - mut, -gepäck, -gewicht –fall, -schlag, -weisung, -zeugung, -zeugen, -nachtung, -flutung, -bein, -blick, -fordert, -dimensional, -listen, -raschung, -ziehen, -drüssig, -topf, -runden, -gang, -laufen, -haupt

KOHL VERLAG Der Verlag mit dem Baum www.kohlverlag.de
Die Rechtschreibkartei 120 Aufgabenkarten zur Rechtschreibung - Bestell-Nr. 11 093

19 Vorsilben

EA

Hier findest du 4 Vorsilben. Finde zu jeder Vorsilbe 10 Wörter.

Das Wörterbuch darfst du aber ***NICHT*** benutzen!

Unter-

Ober-

Nach-

Voll-

Beispiele: Vollgas, Unterschied ...

Die Rechtschreibkartei
120 Aufgabenkarten zur Rechtschreibung - Bestell-Nr. 11 093
KOHL VERLAG Der Verlag mit dem Baum
www.kohlverlag.de

20 Vorsilben

EA

Hier findest du 4 Vorsilben. Finde zu jeder Vorsilbe 10 Wörter.

Das Wörterbuch darfst du nur im Notfall benutzen!

Her-

Ent-

Per-

Hin-

Beispiele: Hinfahrt, Entfernung ...

Die Rechtschreibkartei
120 Aufgabenkarten zur Rechtschreibung - Bestell-Nr. 11 093
KOHL VERLAG Der Verlag mit dem Baum
www.kohlverlag.de

19 Vorsilben

Lösung

<u>Mögliche Lösungen</u>:

Unter-

-abteilung, -arm, -ausschuss, -bauch, - begriff, -richt, -bau, -beschäftigt, -besetzt, -bieten, -bewusst

Ober-

-schule, -stadt, -stimme, -leutnant, -stufe, -weite, -seite, -schwester, -schicht, -schaukel

Nach-

-tisch, -name, -sorge, -hilfe, -haltig, -holbedarf, -gucken, -gehen, -gang, -folge, -forschen

Voll-

-rausch, -gepumpt, -enden, -elastisch, -besetzt, -automatisch, -laufen, -pension, -reif, -schlank, -schmieren, -streckung

KOHL VERLAG Der Verlag mit dem Baum www.kohlverlag.de
Die Rechtschreibkartei
120 Aufgabenkarten zur Rechtschreibung - Bestell-Nr. 11 093

20 Vorsilben

Lösung

<u>Mögliche Lösungen</u>:

herausbringen, herausbekommen, herausgehen, heraushalten, herabwürdigen, herablassen, heran, herauf, heraufbeschwören, heranmachen

Entfaltung, entführen, entgehen, entgegenlaufen, entgegenkommen, entfleuchen, entflechten, entwirren, entfesseln, entfremden, entfärben, Entfernung

Perfekt, Perfektion, performen, Pergament

Hinschauen, hingauckeln, Hinsicht, hinten, Hinterachse, hinein, hinunter, hinwegbringen, hinzugesellen, hinüberschauen

KOHL VERLAG Der Verlag mit dem Baum www.kohlverlag.de
Die Rechtschreibkartei
120 Aufgabenkarten zur Rechtschreibung - Bestell-Nr. 11 093

21 Vorsilben

EA

Hier findest du 4 Vorsilben. Finde zu jeder Vorsilbe 10 Wörter.

Das Wörterbuch darfst du aber ***NICHT*** benutzen!

Pro-

Mit-

Ex-

Ur-

Beispiele: Provision, Mitschüler ...

Die Rechtschreibkartei
120 Aufgabenkarten zur Rechtschreibung - Bestell-Nr. 11 093
KOHL VERLAG Der Verlag mit dem Baum
www.kohlverlag.de

22 Vorsilben

EA

Hier findest du 4 Vorsilben. Finde zu jeder Vorsilbe 10 Wörter.

Das Wörterbuch darfst du aber ***NICHT*** benutzen!

Ab-

Über-

Un-

In-

Beispiele: Abgabe, Interesse ...

Die Rechtschreibkartei
120 Aufgabenkarten zur Rechtschreibung - Bestell-Nr. 11 093
KOHL VERLAG Der Verlag mit dem Baum
www.kohlverlag.de

21 Vorsilben

Lösung

Mögliche Lösungen:

Prozess, Probe, Probenentnahme, Probestück, Probeaufsatz, Probentermin, probabel, Problem, Procedere, Produzent

Mitstreiter, mitsingen, mitkommen, Mitsprache, mitspielen, mitschleifen, mitgerissen, Mittag, Mittagessen, Mittel, Mittelalter

Extra, Expedition, Exodus, Exkursion, Exkurs, Existenz, Existenzangst, Exhibitionist, Examen, exekutiv

Urangst, Urkontinent, uraufführen, Urfehde, Urgemeinde, urig, Uroma, Urbevölkerung, Urgestein, Uran

KOHL VERLAG Der Verlag mit dem Baum www.kohlverlag.de
Die Rechtschreibkartei 120 Aufgabenkarten zur Rechtschreibung - Bestell-Nr. 11 093

22 Vorsilben

Lösung

Mögliche Lösungen:

Abwechslung, abwärts, abwaschen, Abwasch, Abwehrspieler, abzocken, Abzeichen, abweichen, abwandeln Abverkauf

Überschrift, übersenden, übersetzen, Übersetzung, übersprudeln, Überspannung, übertreten, überwerten, Überträger, überschreiten

Unfug, unverständlich, Unsinn, unversucht, unverwechselbar, Unwesen, unwiderstehlich, unvorhergesehen, unzutreffend, unpünktlich

Informant, informieren, Information, Infusion, Inka, initialisieren, inkognito, Injektion, Inhalt, inhaltsvoll

KOHL VERLAG Der Verlag mit dem Baum www.kohlverlag.de
Die Rechtschreibkartei 120 Aufgabenkarten zur Rechtschreibung - Bestell-Nr. 11 093

23 Vorsilben

EA

Hier findest du 4 Vorsilben. Finde zu jeder Vorsilbe 10 Wörter.

Das Wörterbuch darfst du aber ***NICHT*** benutzen!

Be-

Ver-

Aus-

Zer-

Beispiele: Zerfall, Verliebtheit ...

Die Rechtschreibkartei
120 Aufgabenkarten zur Rechtschreibung - Bestell-Nr. 11 093
KOHL VERLAG Der Verlag mit dem Baum
www.kohlverlag.de

24 Vorsilben

EA

Hier findest du 4 Vorsilben. Finde zu jeder Vorsilbe 10 Wörter.

Das Wörterbuch darfst du aber ***NICHT*** benutzen!

Vor-

Ein-

Auf-

Bei-

Beispiele: Beifuß, Aufstieg ...

Die Rechtschreibkartei
120 Aufgabenkarten zur Rechtschreibung - Bestell-Nr. 11 093
KOHL VERLAG Der Verlag mit dem Baum
www.kohlverlag.de

23 Vorsilben

Lösung

Mögliche Lösungen:

befeuern, befeuchten, befangen, Behälter, behalten, beerdigen, bedrückt, beenden

verschlimmern, verabscheuen, verschmelzen, verschmutzen, verschreien, versetzen, Versetzung, Versicherung, Versöhnung, versehentlich

austoben, ausspannen, austesten, Austragungsort, austreten, Austausch, austeilen, austragen, Auswurf, Auszug

zerbröckeln, zerbomben, zerbrechen, zerzaust, zerbeißen, zerfetzen, zerknittern, zerlegen, Zerfall

KOHL VERLAG Der Verlag mit dem Baum www.kohlverlag.de
Die Rechtschreibkartei 120 Aufgabenkarten zur Rechtschreibung - Bestell-Nr. 11 093

24 Vorsilben

Lösung

Mögliche Lösungen:

Vorwäsche, vorhersagen, Vorspann, Vorstand, Vorsteher, vorsingen, vorsprechen, vorstrecken, vortreten, Vorwort

Einlass, Einkommen, einkommensschwach, Einklang, einknicken, einkalkulieren, einhaken, eingeschlossen, Eingang, eingefallen

Aufsplittern, aufstechen, Aufstau, aufstöbern, Aufstockung, aufteilen, Auftrag, aufsuchen, aufspringen, aufsperren

Beistand, Beispiel, beisteuern, beiseite, Beisetzung, beitreten, Beitritt, beizen, Bein, Beischlag

KOHL VERLAG Der Verlag mit dem Baum www.kohlverlag.de
Die Rechtschreibkartei 120 Aufgabenkarten zur Rechtschreibung - Bestell-Nr. 11 093

25 Wörter verlängern

EA

Verändere die folgenden Wörter, indem du sie verlängerst. So kannst du schwierige Laute hörbar machen und kannst so Rechtschreibschwierigkeiten vermeiden. Die schwierigen Laute sind unterstrichen.

Beispiel: anstrengend - anstrengender

Abgas - angeblich - anstrengend - Ausweis - Bad - Betrugsversuch - beweglich - Beweismittel - biegsam - Diebstahl - empfindlich - Endlauf - eng - erheblich - erlaubt - Falschgeld - fängt - Felsbrocken - fremd - freundlich - Geduldsfaden - gelb - getrübt - gibt - Glasscheibe - Grashalm - Halswirbel - Handtasche - hängt - hebt - klebt - Kleid - kreisförmig - lesbar - Lobrede - Radwechsel - Schadstoff - Schlagloch - sorgfältig - Sprungtuch - Staubtuch - unerträglich - Urlaubsfahrt - vergeblich - zeigt

KOHL VERLAG Der Verlag mit dem Baum
www.kohlverlag.de
Die Rechtschreibkartei
120 Aufgabenkarten zur Rechtschreibung - Bestell-Nr. 11 093

26 Wortbaustein end- / ent-

EA

Die folgenden Wörter haben als Wortbaustein ***ent-*** oder ***end-***:

entschließen – Endspurt – singend – endlich – lobend – endlos – laufend – entleeren – endgültig – entscheiden - pfeifend

Ordne die Wörter mit Hilfe einer Tabelle:

End-/end- hängt mit *Ende* zusammen	Ent-/ent- ist Vorsilbe	*sonstiges*
Endspurt	entschließen	singend

KOHL VERLAG Der Verlag mit dem Baum
www.kohlverlag.de
Die Rechtschreibkartei
120 Aufgabenkarten zur Rechtschreibung - Bestell-Nr. 11 093

25 Wörter verlängern

Lösung

Abgase, Ausweise, anstrengender, Bäder, Betrugsversuche, Diebstähle, Endläufe, Falschgelder, freundlicher, getrübter, Glasscheiben, Geduldsfäden, Grashalme, Handtaschen, hängen, heben, kleben, Kleider, kreisfömiger, lesbarer, Lobreden, Schadstoffe, Schlaglöcher, sorgfältiger, Sprungtücher, Staubtücher, unerträglicher, Urlaubsfahrten, vergeblicher, zeigen

26 Wortbaustein end- / ent-?

Lösung

End-/end- hängt mit *Ende* zusammen	Ent-/ent- ist Vorsilbe	*sonstiges*
Endspurt endlich endlos endgültig	entschließen entleeren entscheiden	singend lobend laufend pfeifend

27 Wortbaustein ent- / end-?

EA

Finde vier Nomen/Substantive (Namenwörter), die mit der Vorsilbe End- eine neue Bedeutung bekommen.

<u>Zum Beispiel</u>: Endstation

KOHL VERLAG Der Verlag mit dem Baum www.kohlverlag.de
Die Rechtschreibkartei 120 Aufgabenkarten zur Rechtschreibung - Bestell-Nr. 11 093

28 ent- oder end-?

EA

- Verbinde die Verben *schärfen, schweben, täuschen, springen, zünden* mit der Vorsilbe ent- zu neuen Verben.
- Suche je 3 eigene Beispiele für Wörter mit end- und ent- als Vorsilben.

KOHL VERLAG Der Verlag mit dem Baum www.kohlverlag.de
Die Rechtschreibkartei 120 Aufgabenkarten zur Rechtschreibung - Bestell-Nr. 11 093

27 Wortbaustein ent- / end-?

Lösung

Mögliche Lösungen:

Endstation, Endzeit, Entleerung, Enterbung, Entspannung, Entrümpelung, Entschädigung

KOHL VERLAG Der Verlag mit dem Baum www.kohlverlag.de
Die Rechtschreibkartei 120 Aufgabenkarten zur Rechtschreibung - Bestell-Nr. 11 093

28 Wortbaustein end- / ent-?

Lösung

entschärfen, entschweben, enttäuschen, entspringen, entzünden

Mögliche eigene Beispiele: entwirren, entsichern, entsprechen

KOHL VERLAG Der Verlag mit dem Baum www.kohlverlag.de
Die Rechtschreibkartei 120 Aufgabenkarten zur Rechtschreibung - Bestell-Nr. 11 093

29 Worttrennung

EA

Trenne die folgenden Wörter so oft wie möglich:

Eistüte, Partyhut, Pyramide, Hausfrau, Bauklötze, Würfelbecher, Murmelspiel, Schwätzkarte, Spiegelbild, Sonnenstrahl, Weinanbau, Wärmebehälter, Navigationssystem, Temperatur-anzeige, Tageslichtprojektor, Berggipfel, Hubschrauber, Notenliste

<u>Beispiel</u>: Wür-fel-be-cher

Die Rechtschreibkartei
120 Aufgabenkarten zur Rechtschreibung - Bestell-Nr. 11 093
KOHL VERLAG Der Verlag mit dem Baum
www.kohlverlag.de

---

30 Zusammensetzungen

EA

Finde die zusammengesetzten Nomen/Substantive (Namenwörter) heraus und zerlege sie in ihre Bausteine.

<u>Beispiel</u>: Handtasche – Hand, Tasche

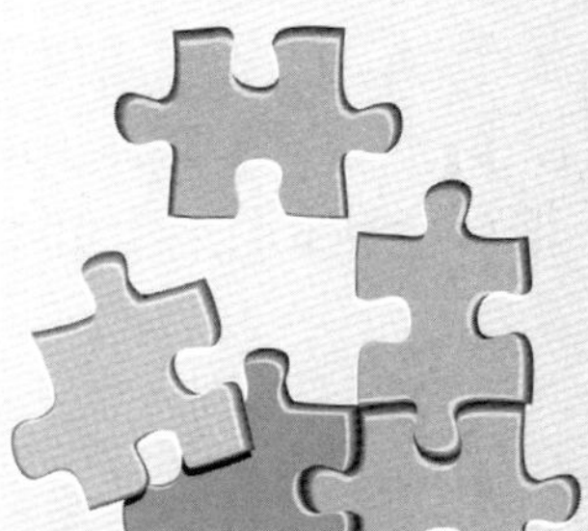

angeblich - anstrengend - fremd - Ausweis - Bad - Grashalm - Betrugsversuch - beweglich - Beweismittel - biegsam - Diebstahl - empfindlich - Schadstoff - Endlauf - Urlaubsfahrt - eng - erheblich - erlaubt - Falschgeld - fängt - Felsbrocken - freundlich - getrübt - gelb - Geduldsfaden - Abgas - gibt - Glasscheibe - Halswirbel - lesbar - zeigt - Handtasche - hängt - hebt - klebt - Kleid - kreisförmig - Lobrede - Radwechsel - Schlagloch - sorgfältig - Sprungtuch - Staubtuch - unerträglich - vergeblich - schieben - vertiefen - Kieferbruch - schließlich - Kriegsschauplatz - Informationsstelle - Vorfahrt - Liegestuhl - Fliegenklatsche - Stilbruch - Niemandsland

Die Rechtschreibkartei
120 Aufgabenkarten zur Rechtschreibung - Bestell-Nr. 11 093
KOHL VERLAG Der Verlag mit dem Baum
www.kohlverlag.de

29 Worttrennung

Lösung

Mögliche Lösungen:

Eis-tü-te, Par-ty-hut, Py-ra-mi-de, Haus-frau, Bau-klöt-ze, Wür-fel-be-cher, Mur-mel-spiel, Schwätz-kar-te, Spie-gel-bild, Son-nen-strahl, Wein-an-bau, Wär-me-be-häl-ter, Na-vi-ga-tions-sys-tem, Tem-pe-ra-tur-an-zei-ge, Ta-ges-licht-pro-jek-tor, Berg-gip-fel, Hub-schrau-ber, No-ten-lis-te

30 Zusammensetzungen

Lösung

Gras-halm, Betrug-s-versuch, Beweis-mittel, Dieb-stahl, Schad-stoff, End-lauf, Urlaub-s-fahrt, Falsch-geld, Fels-brocken, Geduld-s-faden, Ab-gas, Glas-scheibe, Hals-wirbel, Hand-tasche, Lob-rede, Rad-wechsel, Schlag-loch, Sprung-tuch, Staub-tuch, Vor-fahrt, Kriegs-schau-platz, Information-s-stelle, Liege-stuhl, Fliegen-klatsche, Stil-bruch, Niemand-s-land

31 Zusammensetzungen

EA

Schreibe alle zusammengesetzten Nomen/Substantive (Namenwörter) in dein Heft.

Nussknacker – Pfiff – Höhlenforscher – Sternenhimmel – Mondfähre – Astronaut - Brotkasten – Schokoladenlutscher – Produzent – Milchglasscheibe – Teetasse – Brotmesser – Kaffeefilter – Rotzlöffel – Dehnung – Aerobic – Schimmel – Pferd – Waise – Erkältung – Wasserhahn – Grippe – Vogelnest – Rettungsschwimmer – Süden – Angler – Orangensalat – Papiertonne – Abfallbehälter – Eimer – Sicherungskasten

Die Rechtschreibkartei
120 Aufgabenkarten zur Rechtschreibung - Bestell-Nr. 11 093
KOHL VERLAG
www.kohlverlag.de

---

32 Zusammensetzungen

EA

Finde 8 zusammengesetzte Nomen/Substantive (Namenwörter) mit der Vorsilbe

Fahrrad ...

<u>Beispiel</u>: Fahrradsattel ...

Die Rechtschreibkartei
120 Aufgabenkarten zur Rechtschreibung - Bestell-Nr. 11 093
KOHL VERLAG
www.kohlverlag.de

31 Zusammensetzungen

Lösung

Nussknacker, Höhlenforscher, Sternenhimmel, Mondfähre, Brotkasten, Schokoladenlutscher, Milchglasscheibe, Teetasse, Brotmesser, Kaffeefilter, Rotzlöffel, Wasserhahn, Vogelnest, Rettungsschwimmer, Orangensalat, Papiertonne, Abfallbehälter, Sicherungskasten

KOHL VERLAG Der Verlag mit dem Baum www.kohlverlag.de
Die Rechtschreibkartei
120 Aufgabenkarten zur Rechtschreibung - Bestell-Nr. 11 093

32 Zusammensetzungen

Lösung

<u>Mögliche Lösungen</u>:

Fahrrad-

-sattel, -lenker, - schlauch, - reifen, -helm, -rennen, -pumpe, -fahrt, -handel

KOHL VERLAG Der Verlag mit dem Baum www.kohlverlag.de
Die Rechtschreibkartei
120 Aufgabenkarten zur Rechtschreibung - Bestell-Nr. 11 093

33 ## Zusammensetzungen

EA

Finde 15 zusammengesetzte Nomen/Substantive (Namenwörter) mit der Vorsilbe

Auto ... .

Beispiel: Autofahrer, Autoreifen

Die Rechtschreibkartei
120 Aufgabenkarten zur Rechtschreibung - Bestell-Nr. 11 093
KOHL VERLAG Der Verlag mit dem Baum
www.kohlverlag.de

34 ## Zusammensetzungen

EA

Bilde zusammengesetzte Wörter.

Die letzte Silbe jedes Wortes muss immer das Wort ***-spiel*** sein.

15 Wörter mit der Nachsilbe ***-spiel*** findest du bestimmt!

Beispiel: Nachspiel

Die Rechtschreibkartei
120 Aufgabenkarten zur Rechtschreibung - Bestell-Nr. 11 093
KOHL VERLAG Der Verlag mit dem Baum
www.kohlverlag.de

33 Zusammensetzungen

Lösung

Mögliche Lösungen:

Auto-

Automobil, Autobahn, Autobauer, Autobesitzer, Autobiografie, Autobombe, Autodach, Autobus, Autodidakt, Autofahrer, Autofriedhof, Autoindustrie, Autonummer, Automatisch, Autopilot, Autorität, Automonteur

34 Zusammensetzungen

Lösung

Mögliche Lösungen:

Vorspiel, Foulspiel, Zwischenspiel, Kinderspiel, Fußballspiel, Handballspiel, Basketballspiel, Brettspiel, Indoorspiel, Computerspiel ...

KOHL VERLAG Der Verlag mit dem Baum www.kohlverlag.de
Die Rechtschreibkartei 120 Aufgabenkarten zur Rechtschreibung - Bestell-Nr. 11 093

35 Zusammensetzungen

EA

Bilde zusammengesetzte Wörter mit der Vorsilbe ***Spiel-.***

15 Wörter findest du bestimmt! Los geht's!

<u>Beispiel</u>: Spielfeld

Die Rechtschreibkartei
120 Aufgabenkarten zur Rechtschreibung - Bestell-Nr. 11 093
KOHL VERLAG Der Verlag mit dem Baum
www.kohlverlag.de

36 Zusammensetzungen - Wortbedeutungen

EA

Erkläre die zusammengesetzten Nomen/Substantive (Namenwörter) mit eigenen Worten:

Eistüte, Partyhut, Hausfrau, Bauklötze, Würfelbecher, Murmelspiel, Schwätzkarte, Spiegelbild, Sonnenstrahl, Weinanbau, Wärmebehälter, Navigationssystem, Temperaturanzeige, Tageslichtprojektor, Berggipfel, Notenliste

<u>Beispiel</u>: Eistüte = Tüte für Eis

Die Rechtschreibkartei
120 Aufgabenkarten zur Rechtschreibung - Bestell-Nr. 11 093
KOHL VERLAG Der Verlag mit dem Baum
www.kohlverlag.de

35 Zusammensetzungen

Lösung

<u>Mögliche Lösungen</u>:

Spiel-

Spielplatz, Spielform, Spielgerät, Spielerei, Spielfiguren, Spielstunde, Spielzeit, Spielwaren, Spielwarengeschäft, Spielabteilung, Spielkonsole

36 Zusammensetzungen - Wortbedeutungen

Lösung

Hausfrau – Frau des Hauses; Partyhut – Hut für eine Party; Bauklötze – Klötze zum Bauen; Würfelbecher – Becher zum Würfeln; Murmelspiel – Spiel mit Murmeln; Schwätzkarte – Karte die man bekommt, wenn man zu viel schwätzt; Spiegelbild – Bild des Spiegels; Sonnenstrahl – Strahl der Sonne; Weinanbau – Anbau von Weintrauben; Wärmebehälter – Behälter zum Wärmen von z.B. Speisen; Navigationssystem – elektronisches System zur Navigation; Temperaturanzeige – Anzeige der Temperatur; Berggipfel – Gipfel eines Berges; Notenliste – Liste für/mit Noten

37 **Schwierige Wörter - Laufdiktat**

EA

Lege dir diese Karteikarte an eine weit entfernte Stelle im Klassenzimmer und übe die Wörter, die darauf stehen in einem Laufdiktat. <u>Achtung</u>: Merke dir maximal zwei Wörter und achte auf die richtige Schreibung!

angeblich - anstrengend - fremd - Ausweis - Bad - Grashalm - Betrugsversuch - beweglich - Beweismittel - biegsam - Diebstahl - empfindlich - Schadstoff - Endlauf - Urlaubsfahrt - eng - erheblich - erlaubt - Falschgeld - fängt - Felsbrocken - freundlich - getrübt - gelb - Geduldsfaden - Abgas - gibt - Glasscheibe - Halswirbel - lesbar - zeigt - Handtasche - hängt - hebt - klebt - Kleid - kreisförmig - Lobrede - Radwechsel - Schlagloch - sorgfältig - Sprungtuch - Staubtuch - unerträglich - vergeblich - schieben - vertiefen - Kieferbruch - schließlich - Vorfahrt - Kriegsschauplatz - Informationsstelle - Liegestuhl - Fliegenklatsche - Stilbruch - Niemandsland

Die Rechtschreibkartei
120 Aufgabenkarten zur Rechtschreibung - Bestell-Nr. 11 093
KOHL VERLAG Der Verlag mit dem Baum
www.kohlverlag.de

38 **Fremdwort**

EA

Finde die Erklärungen für folgende Fremdwörter mit Hilfe deines Wörterbuches.

aggressiv, loyal, royal, korrupt, Code, Know-how, Kogge, Nektar, spirituell, mumifizieren

Die Rechtschreibkartei
120 Aufgabenkarten zur Rechtschreibung - Bestell-Nr. 11 093
KOHL VERLAG Der Verlag mit dem Baum
www.kohlverlag.de

37 Schwierige Wörter - Laufdiktat

Lösung

Individuelle Lösungen.

38 Fremdwort

Lösung

aggressiv	= streitsüchtig sein
Code	= verschlüsselte Ziffern oder Buchstabenfolge
Kogge	= kugelförmiges Schiff
Know-how	= über etwas besonders gut Bescheid wissen
korrupt	= bestechlich, käuflich
loyal	= innere Verbundenheit, wenn man sich auf jemanden verlassen kann, dann ist diese Person einem selbst gegenüber loyal
mumifizieren	= einen toten Körper auf versch. Arten konservieren, wie die alten Ägypter
Nektar	= Getränk aus Fruchtsaft oder Flüssigkeit, die von Pflanzen produziert wird
royal	= königlich

KOHL VERLAG Der Verlag mit dem Baum www.kohlverlag.de
Die Rechtschreibkartei
120 Aufgabenkarten zur Rechtschreibung - Bestell-Nr. 11 093

39 Fremdwort

EA

Ordne die Fremdwörter so nach dem Alphabet, wie sie auch im Wörterbuch stehen würden.

aggressiv, Opal, loyal, royal, Symbiose, korrupt, Code, Know-how, Notiz, System, Kogge, Nektar, spirituell, mumifizieren

Die Rechtschreibkartei
120 Aufgabenkarten zur Rechtschreibung - Bestell-Nr. 11 093
KOHL VERLAG
www.kohlverlag.de

40 Fremdwort

PA

- Finde im Wörterbuch zehn Fremdwörter, die auf die Nachsilbe -ieren oder -ion enden.
- Schreibe sie mit ihrer Bedeutung heraus.
- Ordne sie nach dem Alphabet.
- Lasse sie dir von deinem Partner diktieren.

Die Rechtschreibkartei
120 Aufgabenkarten zur Rechtschreibung - Bestell-Nr. 11 093
KOHL VERLAG
www.kohlverlag.de

39 **Fremdwort**

Lösung

aggressiv, Code, Kogge, Know-how, korrupt, loyal, mumifizieren, Nektar, Notiz, Opal, royal, spirituell, Symbiose, System

KOHL VERLAG Der Verlag mit dem Baum www.kohlverlag.de Die Rechtschreibkartei 120 Aufgabenkarten zur Rechtschreibung - Bestell-Nr. 11 093

40 **Fremdwort**

Lösung

Diskretion	= über etwas Stillschweigen halten, nichts verraten oder weitersagen
dominieren	= über etwas herrschen
Funktion *(aus dem lat.)*	= Tätigkeit, Verrichtung, Aufgabe eines Objektes
funktionieren	= etwas klappt
Illusion	= Traum
kollidieren	= zusammenstoßen
Korruption	= Bestechung
raffinieren	= technisches Verfahren zur Reinigung, Veredlung, Trennung und/oder Konzentration von Rohstoffen oder Nahrungsmitteln
Rebellion	= Kampf
rebellieren	= gegen etwas ankämpfen

KOHL VERLAG Der Verlag mit dem Baum www.kohlverlag.de Die Rechtschreibkartei 120 Aufgabenkarten zur Rechtschreibung - Bestell-Nr. 11 093

41 Fremdwörter

EA

Welche der folgenden Wörter sind Fremdwörter?
Erkläre mit deinen eigenen Worten.

fixieren, krepieren, traditionell, Unbehagen, Rundflug, Hubschrauberpilot, Fracht, Transport, Yacht

Du darfst auch im Wörterbuch nachschlagen.

Wichtig: Schreibe jeweils *einen Satz* als Erklärung!

Die Rechtschreibkartei
120 Aufgabenkarten zur Rechtschreibung - Bestell-Nr. 11 093
KOHL VERLAG Der Verlag mit dem Baum
www.kohlverlag.de

42 Fremdwörter

EA

Schreibe deine Erklärungen wie im Beispiel. Erkläre die folgenden Fremdwörter mit einem ganzen Satz.

- ➔ pürieren
- ➔ Föhn
- ➔ Pullover
- ➔ Sandalen
- ➔ Gameboy

Beispiel: Ein Föhn ist ein Gerät zum Haaretrocknen.

Die Rechtschreibkartei
120 Aufgabenkarten zur Rechtschreibung - Bestell-Nr. 11 093
KOHL VERLAG Der Verlag mit dem Baum
www.kohlverlag.de

41 Fremdwörter

Lösung

fixieren (Fremdwort) - befestigen
krepieren (Fremdwort) - sterben
traditionell (Fremdwort) - althergebracht
Unbehagen - Unwohlsein
Rundflug - z.B. über eine Stadt fliegen, um sie von oben zu erkunden und den Überblick zu bekommen
Hubschrauberpilot (Fremdwort) - Steuermann eines Hubschraubers
Fracht - Ladung
Transport - Bewegung von Waren von einem Ort zum anderen
Yacht (Fremdwort) - teures Luxusschiff

KOHL VERLAG Der Verlag mit dem Baum www.kohlverlag.de Die Rechtschreibkartei 120 Aufgabenkarten zur Rechtschreibung - Bestell-Nr. 11 093

42 Fremdwörter

Lösung

<u>Mögliche Lösungen</u>:

pürieren - mit einer Gabel oder einem Mixer etwas zerkleinern

Pullover - warmes Kleidungsstück zum Überziehen am Oberkörper

Sandalen - offene Sommerschuhe, bei denen man die Zehen sieht

Gameboy - kleiner Taschencomputer zum Spiele spielen

KOHL VERLAG Der Verlag mit dem Baum www.kohlverlag.de Die Rechtschreibkartei 120 Aufgabenkarten zur Rechtschreibung - Bestell-Nr. 11 093

43 Komma

EA

Das Komma ersetzt bei Aufzählungen die Konjunktionen „und“ bzw. „oder“.

- Schreibe je drei Beispiele auf.
- Schreibe die Sätze ...
  - ... mit „und“.
  - ... nur mit Komma.

Die Rechtschreibkartei
120 Aufgabenkarten zur Rechtschreibung - Bestell-Nr. 11 093
KOHL VERLAG
www.kohlverlag.de

44 Komma

EA

Das Komma trennt Hauptsätze in der Satzreihe. Bei Hauptsätzen, die mit „und“ oder „oder“ verbunden sind, entfällt in der Regel das Komma.

<u>Beispiel</u>: Zerknülle das Papier und wirf es dann in den Papierkorb.

Lasse dir weitere Satzreihen einfallen und notiere sie.

Die Rechtschreibkartei
120 Aufgabenkarten zur Rechtschreibung - Bestell-Nr. 11 093
KOHL VERLAG
www.kohlverlag.de

43 **Komma** **Lösung**

Ich esse gerne Schokoeis und Vanilleeis und Erdbeereis.
Ich laufe und schwimme und radle gerne.
Lesen und schreiben und rechnen mag ich nicht so gerne.

Ich esse gerne Schokoeis, Vanilleeis und Erdbeereis.
Ich laufe, schwimme und radle gerne.
Lesen, schreiben und rechnen mag ich nicht so gerne.

Magst du in den Ferien lieber faulenzen oder verreisen oder arbeiten?
Ich gehe nachher ins Schwimmbad oder ins Cafe oder zum Einkaufen.
Du lädst lieber Tom oder Timo oder Steffi ein.

Magst du in den Ferien lieber faulenzen, verreisen oder arbeiten?
Ich gehe nachher ins Schwimmbad, ins Cafe oder zum Einkaufen.
Du lädst lieber Tom,Timo oder Steffi ein.

KOHL VERLAG Der Verlag mit dem Baum www.kohlverlag.de
Die Rechtschreibkartei 120 Aufgabenkarten zur Rechtschreibung - Bestell-Nr. 11 093

44 **Komma** **Lösung**

Mögliche Lösungen:

Hole eine Flasche Wasser und öffne sie.
Geh ins Bett und versuche zu schlafen.
Du liest ein Buch und kannst über die Witze lachen.

KOHL VERLAG Der Verlag mit dem Baum www.kohlverlag.de
Die Rechtschreibkartei 120 Aufgabenkarten zur Rechtschreibung - Bestell-Nr. 11 093

45 Komma

EA

In Satzgefügen steht mindestens ein Komma.
Achte auf Konjunktionen wie „als“, „weil“, „da“, „das“, ...

Beispiel: Sarah lief schnell, weil sie den Zug nicht verpassen wollte.

Erfinde drei neue Sätze und unterstreiche die Konjunktionen.

Die Rechtschreibkartei
120 Aufgabenkarten zur Rechtschreibung - Bestell-Nr. 11 093
KOHL VERLAG Der Verlag mit dem Baum
www.kohlverlag.de

46 Komma

EA

Einschübe in einem Satz können auch weggelassen werden. Sie stehen immer zwischen Kommas.

Beispiel: Peter, der blonde Junge, ist neu in der Klasse.

Überlege dir fünf neue, nette Sätze über deine Klassenkameraden und unterstreiche die Einschübe.

Die Rechtschreibkartei
120 Aufgabenkarten zur Rechtschreibung - Bestell-Nr. 11 093
KOHL VERLAG Der Verlag mit dem Baum
www.kohlverlag.de

45 Komma

Lösung

Mögliche Lösungen:

Susi freute sich, da ihr Onkel zu Besuch kam.
Hans schuldet mir noch 3 Euro, weil er sein Geld vergessen hat.
Niki erschrak, als plötzlich die Tür aufging.
Lena findet es gut, dass Flo sie nicht mehr ärgert.

46 Komma

Lösung

Mögliche Lösungen:

Sarahs Pulli, der neue blaue, passt gut zu ihren Augen.
Justus, der schlaue Junge, hat in Mathe wieder eine Eins.
Max, der Freche, bringt uns oft zum Lachen.
Marco und Michi, die beiden Nachbarn, hecken viele lustige Streiche aus.
Julia und Jessica, die beiden blonden Mädchen, spielen gerne draußen.

KOHL VERLAG Der Verlag mit dem Baum www.kohlverlag.de
Die Rechtschreibkartei 120 Aufgabenkarten zur Rechtschreibung - Bestell-Nr. 11 093

47 Fehlerschwerpunkte

EA

In jedem der folgenden Wörter ist eine Rechtschreibschwierigkeit markiert:

abbrechen – Abgas – ängstlich – Anfänge – auffüllen – Ausbildung – beenden – Betttuch – Beweis – Bissstelle – bläst – bleibt – Fall – Geduld – Genusssucht

Überlege dir, wie du einen Fehler an diesen Stellen vermeiden kannst. Verwende dazu die dir bekannten Rechtschreibstrategien:

Beispiele:
- Wörter verlängern: Abgas – Abgase
- Grundwort suchen: Anfänge – anfangen
- Wörter in Wortbausteine zerlegen: abbrechen – ab + brechen

Die Rechtschreibkartei 120 Aufgabenkarten zur Rechtschreibung - Bestell-Nr. 11 093
KOHL VERLAG Der Verlag mit dem Baum www.kohlverlag.de

---

48 Fehlerschwerpunkte

EA

Zerlege die folgenden Wörter in ihre Bausteine.

Beispiel: abblitzen – ab + blitzen

abblitzen – annehmbar – auffordern – aussprechen – beeinflussbar – Betttuch – Bissstelle – Brennnessel – enttäuschen – erringen – Flusssand – Gänseeier – Genusssucht – gesundheitsschädlich – Gewinnnummer – hinnehmen – mitteilsam – Pappplakat – Schlammmasse – Schlusssatz – Schritttempo – Seeerfahrung – Teeernte – überraschen – Unterrichtsstunde – unnütz – verrechnen – vorrangig – weggeben – zerreißen

Begründe den markierten Fehlerschwerpunkt in den Wörtern folgendermaßen:
Das Wort *abblitzen* schreibt man mit bb, weil es aus ab + blitzen entsteht.

Die Rechtschreibkartei 120 Aufgabenkarten zur Rechtschreibung - Bestell-Nr. 11 093
KOHL VERLAG Der Verlag mit dem Baum www.kohlverlag.de

47 Fehlerschwerpunkte

Lösung

Wörter verlängern:

Abgas, Ausbildung, Betttuch, Beweis, Bissstelle, Fall, Genusssucht

Grundwort suchen:

ängstlich, Anfänge, bläst, bleibt, Geduld

In Wortbausteine zerlegen:

abbrechen, auffüllen, beenden, Betttuch, Bissstelle, Genusssucht

Die Rechtschreibkartei
120 Aufgabenkarten zur Rechtschreibung - Bestell-Nr. 11 093
KOHL VERLAG Der Verlag mit dem Baum
www.kohlverlag.de

48 Fehlerschwerpunkte

Lösung

ab-blitzen, annehmen-bar, auf-fordern, aus-sprechen, be-einfluss-bar, Bett-tuch, Biss-stelle, Brenn-nessel, ent-täuschen, er-ringen, Fluss-sand, Gänse-eier, Genuss-sucht, gesundheits-schädlich, Gewinn-nummer, hin-nehmen, mit-teil-sam, Papp-plakat, Schlamm-masse, Schluss-satz, Schritt-tempo, See-erfahrung, Tee-ernte, über-raschen, Unterrichts-stunde, un-nütz, ver-rechnen, vor-rangig, weg-geben, zer-reißen

Die Rechtschreibkartei
120 Aufgabenkarten zur Rechtschreibung - Bestell-Nr. 11 093
KOHL VERLAG Der Verlag mit dem Baum
www.kohlverlag.de

49 Gleichklingende Wörter

EA

Finde drei Wörter, die gleich oder ähnlich klingen, aber ganz verschiedene Bedeutungen haben.

Beispiel: ➔ Mus = z.B. Apfelmus, püriertes Obst

➔ Muss = etwas tun müssen oder etwas unbedingt haben müssen

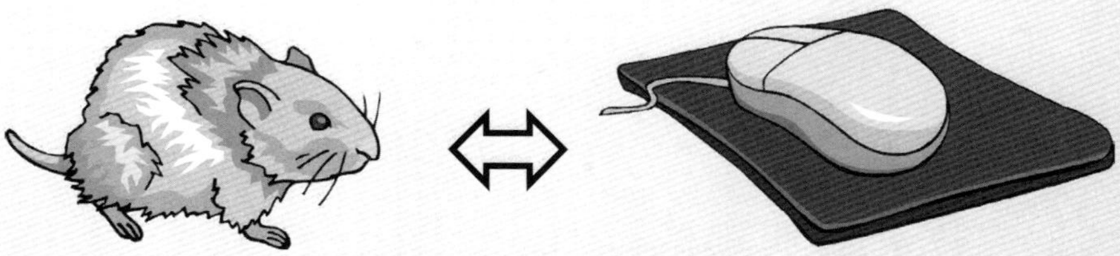

Die Rechtschreibkartei
120 Aufgabenkarten zur Rechtschreibung - Bestell-Nr. 11 093
KOHL VERLAG Der Verlag mit dem Baum
www.kohlverlag.de

---

50 Zeitformen

EA

Schreibe die Verben in der ersten Vergangenheit auf. Verwende die 3. Person Singular (er/sie/es). Was fällt dir auf?

Beispiel: biegen – er bog

fliegen, fließen, frieren, gießen, kriechen, liegen, riechen, schieben, schließen, verbieten, verlieren, wiegen

Die Rechtschreibkartei
120 Aufgabenkarten zur Rechtschreibung - Bestell-Nr. 11 093
KOHL VERLAG Der Verlag mit dem Baum
www.kohlverlag.de

49 **Gleichklingende Wörter** **Lösung**

Mögliche Lösungen:

Hahn
Tau
Maus
Schloss
Dame
Pflaster
Leiter
Kiefer

KOHL VERLAG Der Verlag mit dem Baum www.kohlverlag.de **Die Rechtschreibkartei** 120 Aufgabenkarten zur Rechtschreibung - **Bestell-Nr. 11 093**

---

50 **Zeitformen** **Lösung**

er flog, er floss, er fror, er goss, er kroch, er lag, er roch, er schob, er schloss, er verbot, er verlor, er wog

(Tipp: Das ***ie*** im Wort fällt weg und der Stammvokal ändert sich.)

KOHL VERLAG Der Verlag mit dem Baum www.kohlverlag.de **Die Rechtschreibkartei** 120 Aufgabenkarten zur Rechtschreibung - **Bestell-Nr. 11 093**

51 Zeitformen

EA

- Finde 15 Wörter, die in der Vergangenheit mit der Vorsilbe ***„ge-“*** anfangen.
- Schreibe diese Wörter in eine Tabelle.
- Setze diese Wörter in die jeweilige Grundform.

Beispiel:

Vergangenheit	Grundform
gegangen	gehen

Die Rechtschreibkartei
120 Aufgabenkarten zur Rechtschreibung - Bestell-Nr. 11 093
KOHL VERLAG Der Verlag mit dem Baum
www.kohlverlag.de

52 Grund- und Bestimmungswort

EA

Schreibe die zusammengesetzten Nomen/Substantive (Namenwörter) in eine Tabelle. Welches Wort ist das Grundwort, welches ist das Bestimmungswort?

Wort	Grundwort	Bestimmungswort
Nussknacker	Nuss	-knacker

Nussknacker – Pfiff – Höhlenforscher – Sternenhimmel – Mondfähre – Astronaut - Brotkasten – Schokoladenlutscher – Produzent – Milchglasscheibe – Teetasse – Brotmesser – Kaffeefilter – Dehnung – Aerobic – schwimmen – Schimmel – Pferd – Waise – joggen – Erkältung – Wasserhahn – Grippe – Süden – Vogelnest – beim – Rettungsschwimmer – Angler – Orangensalat – Papiertonne – Abfallbehälter – Eimer – Sicherungskasten – Fernseher

Die Rechtschreibkartei
120 Aufgabenkarten zur Rechtschreibung - Bestell-Nr. 11 093
KOHL VERLAG Der Verlag mit dem Baum
www.kohlverlag.de

51 Zeitformen

Lösung

Vergangenheit	Grundform
gespalten	spalten
gerochen	riechen
gebrochen	brechen
gefallen	fallen
gelehrt	lehren
gelesen	lesen
geflogen	fliegen
gegessen	essen
getragen	tragen
gezählt	zählen
gezogen	ziehen
geworfen	werfen
geschworen	schwören
geschlossen	schließen
gesehen	sehen
gesungen	singen
gesprochen	sprechen
gesprungen	springen
gestanden	stehen
geschlagen	schlagen

Die Rechtschreibkartei
120 Aufgabenkarten zur Rechtschreibung - Bestell-Nr. 11 093
KOHL VERLAG Der Verlag mit dem Baum
www.kohlverlag.de

52 Grund- und Bestimmungswort

Lösung

Wort	Grundwort	Bestimmungswort
Nussknacker	Nuss	Knacker
Höhlenforscher	Forscher	Höhlen
Sternenhimmel	himmel	Sternen
Mondfähre	Fähre	Mond
Brotkasten	Kasten	Brot
Schokoladenlutscher	Lutscher	Schokolade
Milchglasscheibe	Scheibe	Milchglas
Teetasse	Tasse	Tee
Brotmesser	Messer	Brot
Kaffeefilter	Filter	Kaffee
Wasserhahn	Hahn	Wasser
Vogelnest	Nest	Vogel
Rettungsschwimmer	Schwimmer	Rettung
Orangensalat	Salat	Orangen
Papiertonne	Tonne	Papier
Abfallbehälter	Behälter	Abfall
Sicherungskasten	Kasten	Sicherung

Die Rechtschreibkartei
120 Aufgabenkarten zur Rechtschreibung - Bestell-Nr. 11 093
KOHL VERLAG Der Verlag mit dem Baum
www.kohlverlag.de

53 Grund- und Bestimmungswort

EA

Bestimme das Grund- und das Bestimmungswort.
Welche Wörter lassen sich nicht in Grund- und Bestimmungswort zerlegen? Schreibe sie gesondert auf.

Eistüte, Partyhut, Pyramide, Hausfrau, Bauklötze, Würfelbecher, Murmelspiel, Schwätzkarte, Spiegelbild, Sonnenstrahl, Weinanbau, Wärmebehälter, Navigationssystem, Temperaturanzeige, Tageslichtprojektor, Berggipfel, Hubschrauber, Notenliste

Beispiel: Partyhut
Grundwort: Hut – Bestimmungswort: Party

Die Rechtschreibkartei
120 Aufgabenkarten zur Rechtschreibung - Bestell-Nr. 11 093
KOHL VERLAG Der Verlag mit dem Baum
www.kohlverlag.de

54 Oberbegriffe

EA

Finde 15 Wörter zum Oberbegriff ***„Weihnachten“***.

Beispiel: Geschenke, Kirche ...

Schreibe die Liste in dein Heft.

Die Rechtschreibkartei
120 Aufgabenkarten zur Rechtschreibung - Bestell-Nr. 11 093
KOHL VERLAG Der Verlag mit dem Baum
www.kohlverlag.de

53 Grund- und Bestimmungswort

Lösung

Grundwort	Bestimmungswort
Tüte	Eis
Frau	Haus
Klötze	Bau
Becher	Würfel
Spiel	Murmel
Karte	Schwätz
Bild	Spiegel
Strahl	Sonnen
Anbau	Wein
Behälter	Wärme
System	Navigation
Anzeige	Temperatur
Projektor	Tageslicht
Gipfel	Berg
Liste	Noten

Pyramide und Hubschrauber lassen sich nicht zerlegen.

Die Rechtschreibkartei
120 Aufgabenkarten zur Rechtschreibung - Bestell-Nr. 11 093
KOHL VERLAG Der Verlag mit dem Baum
www.kohlverlag.de

54 Oberbegriffe

Lösung

Mögliche Lösungen:

Jesukind, Engel, Christbaum, Christmette, Festtag, Feiertag, Braten, Kirche, Geschenke, Freunde, Frieden, Schnee, abends, Familie, verschenken, Stress, Weihnachtsferien

Die Rechtschreibkartei
120 Aufgabenkarten zur Rechtschreibung - Bestell-Nr. 11 093
KOHL VERLAG Der Verlag mit dem Baum
www.kohlverlag.de

55 Oberbegriffe

EA

Finde 15 Wörter zum Oberbegriff ***„Sommer“***.

<u>Beispiel</u>: Sonne, Ferien...

Schreibe die Liste in dein Heft.

Die Rechtschreibkartei
120 Aufgabenkarten zur Rechtschreibung - Bestell-Nr. 11 093
KOHL VERLAG Der Verlag mit dem Baum
www.kohlverlag.de

56 Oberbegriffe

EA

Finde 15 neue Wörter zum Oberbegriff ***„Schule“***.

<u>Beispiel</u>: Lehrer, Noten ...

Schreibe die Liste in dein Heft.

Die Rechtschreibkartei
120 Aufgabenkarten zur Rechtschreibung - Bestell-Nr. 11 093
KOHL VERLAG Der Verlag mit dem Baum
www.kohlverlag.de

61 Oberbegriffe

Lösung

Mögliche Lösungen:

Obst: Banane, Apfel, Erdbeere, Kiwi, Himbeere, Birne, Pfirsich

Getränke: Limonade, Cola,Tee, Kaffee, Milch, Wasser, Eistee

Hauptstädte: Berlin, Rom, London, Paris, Athen, Brüssel, Oslo

Körperteile: Arm, Bein, Hand, Finger, Nase, Kopf, Hals, Ohren

Fortbewegungsmittel: Bus, Zug, Auto, Flugzeug, Fahrrad, Inliner, Schiff, Skateboard

KOHL VERLAG Der Verlag mit dem Baum
Die Rechtschreibkartei
www.kohlverlag.de 120 Aufgabenkarten zur Rechtschreibung - Bestell-Nr. 11 093

62 Oberbegriffe

Lösung

Mögliche Lösungen:

Großstädte: Ingolstadt, Regensburg, Köln, Düsseldorf

Getränke: Tee, Kaffee, Wasser, Schnaps

Obst: Apfel, Pflaume, Erdbeere, Kirsche

Körperteile/Gesichtsteile: Zähne, Augenbrauen, Augenlid, Ohren

KOHL VERLAG Der Verlag mit dem Baum
Die Rechtschreibkartei
www.kohlverlag.de 120 Aufgabenkarten zur Rechtschreibung - Bestell-Nr. 11 093

55 Oberbegriffe

EA

Finde 15 Wörter zum Oberbegriff ***„Sommer“***.

<u>Beispiel</u>: Sonne, Ferien...

Schreibe die Liste in dein Heft.

KOHL VERLAG Der Verlag mit dem Baum
www.kohlverlag.de
Die Rechtschreibkartei
120 Aufgabenkarten zur Rechtschreibung - **Bestell-Nr. 11 093**

56 Oberbegriffe

EA

Finde 15 neue Wörter zum Oberbegriff ***„Schule“***.

<u>Beispiel</u>: Lehrer, Noten ...

Schreibe die Liste in dein Heft.

KOHL VERLAG Der Verlag mit dem Baum
www.kohlverlag.de
Die Rechtschreibkartei
120 Aufgabenkarten zur Rechtschreibung - **Bestell-Nr. 11 093**

55 Oberbegriffe

Lösung

Mögliche Lösungen:

Sonne, Eis, heiß, faulenzen, Ferien, Urlaub, warme Länder, reisen, Flugzeug, Schwimmbad, Flip-Flops, Sonnencreme, Sonnenbrille, Strand, Handtuch

KOHL VERLAG Der Verlag mit dem Baum www.kohlverlag.de
Die Rechtschreibkartei 120 Aufgabenkarten zur Rechtschreibung - Bestell-Nr. 11 093

56 Oberbegriffe

Lösung

Mögliche Lösungen:

Projektor, Freunde, Kopierer, Bücher, Fächer, lesen, schreiben, malen, rechnen, Zeugnis, bestehen, Jahrgang, Klassenfahrt, Schulfest, Schülerzeitung, Elternabend, Rektor, Sekretärin

KOHL VERLAG Der Verlag mit dem Baum www.kohlverlag.de
Die Rechtschreibkartei 120 Aufgabenkarten zur Rechtschreibung - Bestell-Nr. 11 093

57 Oberbegriffe

EA

Finde zum Oberbegriff ***Auto*** mindestens 15 Wörter.

<u>Beispiele</u>: Hupe, Reifen …

Die Rechtschreibkartei
120 Aufgabenkarten zur Rechtschreibung - Bestell-Nr. 11 093
KOHL VERLAG
www.kohlverlag.de

58 Oberbegriffe

EA

Finde zum Oberbegriff ***Küche*** mindestens 15 Wörter.

<u>Beispiele</u>: Küchentisch, kochen

Die Rechtschreibkartei
120 Aufgabenkarten zur Rechtschreibung - Bestell-Nr. 11 093
KOHL VERLAG
www.kohlverlag.de

57 Oberbegriffe

Lösung

Mögliche Lösungen:

Felgen, Lenkrad, Rallye, Formel 1, Sitze, Motor, tanken, Tankstelle, Benzin, Diesel, Super, Autobahn, Garage, BMW, Mercedes, LKW

KOHL VERLAG Der Verlag mit dem Baum
www.kohlverlag.de
Die Rechtschreibkartei
120 Aufgabenkarten zur Rechtschreibung - Bestell-Nr. 11 093

58 Oberbegriffe

Lösung

Mögliche Lösungen:

essen, Herd, Backofen, backen, Kühlschrank, Spülmaschine, Dunstabzugshaube, Obst, Gemüse, Gewürze, Küchenmaschine, Koch, Köchin, Küchenzeile, Küchenherd, ...

KOHL VERLAG Der Verlag mit dem Baum
www.kohlverlag.de
Die Rechtschreibkartei
120 Aufgabenkarten zur Rechtschreibung - Bestell-Nr. 11 093

59 Oberbegriffe

EA

Finde zum Oberbegriff ***Lebensmittel*** mindestens 30 Unterbegriffe und versuche die Wörter in verschiedenen Kategorien zu ordnen.

Beispiele: Essen: Brot, Fleisch ...

Getränke: Tee, Limo, Kaba ...

Die Rechtschreibkartei
120 Aufgabenkarten zur Rechtschreibung - Bestell-Nr. 11 093
KOHL VERLAG Der Verlag mit dem Baum
www.kohlverlag.de

---

60 Oberbegriffe

EA

- Ordne die folgenden Wörter in 4 Gruppen ein.
- Finde Oberbegriffe dazu.

dick, dünn, fett, flunkern, essen, dürr, futtern, fressen, knabbern, schwindeln, schummeln, speisen, täuschen, pummelig, korpulent, mollig, lügen, schlank, schmächtig, schmal

Beispiel: dick ...

Die Rechtschreibkartei
120 Aufgabenkarten zur Rechtschreibung - Bestell-Nr. 11 093
KOHL VERLAG Der Verlag mit dem Baum
www.kohlverlag.de

59 Oberbegriffe

Lösung

Mögliche Lösungen:

Getränke: Milch, Eistee, Cola, ...

Süßigkeiten: Bonbons, Lutscher, Schokolade

Gebäck: Kuchen, Semmel, Plunder, Torte, Apfelstrudel

Die Rechtschreibkartei
120 Aufgabenkarten zur Rechtschreibung - Bestell-Nr. 11 093
KOHL VERLAG Der Verlag mit dem Baum www.kohlverlag.de

60 Oberbegriffe

Lösung

dick: dick, fett, pummelig, korpulent, mollig

dünn: dünn, dürr, schlank, schmächtig, schmal

essen: essen, futtern, fressen, knabbern, speisen

lügen: flunkern, schwindeln, schummeln, täuschen, lügen

Die Rechtschreibkartei
120 Aufgabenkarten zur Rechtschreibung - Bestell-Nr. 11 093
KOHL VERLAG Der Verlag mit dem Baum www.kohlverlag.de

61 Oberbegriffe

EA

- Finde zu jedem Oberbegriff mindestens 7 Unterbegriffe:

➔ Obst

➔ Getränke

➔ Hauptstädte

➔ Körperteile

➔ Fortbewegungsmittel

- Lege eine Tabelle in deinem Heft an.

Die Rechtschreibkartei
120 Aufgabenkarten zur Rechtschreibung - Bestell-Nr. 11 093
KOHL VERLAG Der Verlag mit dem Baum
www.kohlverlag.de

62 Oberbegriffe

EA

- Finde zu den Unterbegriffen den jeweiligen Oberbegriff:

➔ München – Hamburg – Berlin – Würzburg

➔ Limonade – Apfelsaft – Cola – Kräutertee

➔ Orange – Banane – Nektarine – Birne

➔ Nase – Augen – Mund – Wangen

- Finde zu jeder Reihe noch vier weitere Unterbegriffe.

Die Rechtschreibkartei
120 Aufgabenkarten zur Rechtschreibung - Bestell-Nr. 11 093
KOHL VERLAG Der Verlag mit dem Baum
www.kohlverlag.de

61 **Oberbegriffe**

Lösung

Mögliche Lösungen:

Obst: Banane, Apfel, Erdbeere, Kiwi, Himbeere, Birne, Pfirsich

Getränke: Limonade, Cola,Tee, Kaffee, Milch, Wasser, Eistee

Hauptstädte: Berlin, Rom, London, Paris, Athen, Brüssel, Oslo

Körperteile: Arm, Bein, Hand, Finger, Nase, Kopf, Hals, Ohren

Fortbewegungsmittel: Bus, Zug, Auto, Flugzeug, Fahrrad, Inliner, Schiff, Skateboard

KOHL VERLAG Der Verlag mit dem Baum www.kohlverlag.de
Die Rechtschreibkartei
120 Aufgabenkarten zur Rechtschreibung - Bestell-Nr. 11 093

62 **Oberbegriffe**

Lösung

Mögliche Lösungen:

Großstädte: Ingolstadt, Regensburg, Köln, Düsseldorf

Getränke: Tee, Kaffee, Wasser, Schnaps

Obst: Apfel, Pflaume, Erdbeere, Kirsche

Körperteile/Gesichtsteile: Zähne, Augenbrauen, Augenlid, Ohren

KOHL VERLAG Der Verlag mit dem Baum www.kohlverlag.de
Die Rechtschreibkartei
120 Aufgabenkarten zur Rechtschreibung - Bestell-Nr. 11 093

63 Gleiche Bedeutung

EA

Finde für die folgenden Begriffe neue Wörter, welche die gleiche oder eine ähnliche Bedeutung haben.

<u>Beispiel</u>: beweglich - sportlich

anstrengend - Ausweis - Bad - beweglich - biegsam - Diebstahl - empfindlich - Endlauf - eng - Falschgeld - fremd - freundlich - Glasscheibe - Handtasche - hängt - kreisförmig - lesbar - sorgfältig - unerträglich - Urlaubsfahrt - vergeblich

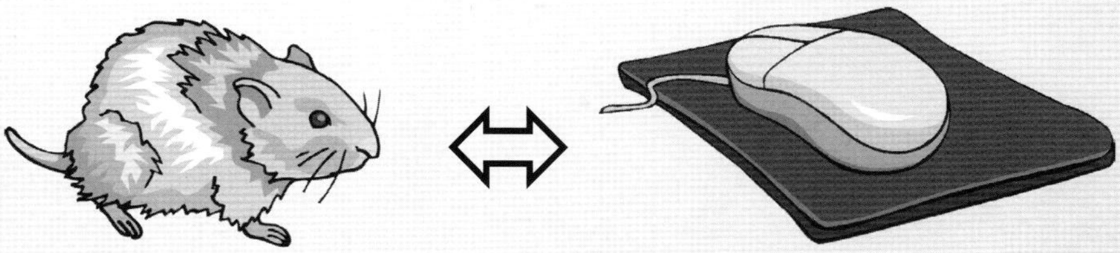

64 Wortbedeutungen

EA

Hier findest du **Wörter mit mehreren Bedeutungen**. Übernimm die Tabelle in dein Heft. Versuche sie selbst zu vervollständigen. Falls du nicht weiter weißt, hilft dir dein Wörterbuch.

1. Bedeutung	Wort	2. Bedeutung
	Golf	
	Zug	
	Hut	
	Ball	
	Flügel	
	Maus	

Die Rechtschreibkartei
120 Aufgabenkarten zur Rechtschreibung - Bestell-Nr. 11 093
KOHL VERLAG Der Verlag mit dem Baum
www.kohlverlag.de

63 Gleiche Bedeutung

Lösung

mühsam, Pass, Nasszelle, sportlich, elastisch, Raub, sensibel, Ziellauf/Endspurt, schmal, Blüten, unbekannt, nett, Fensterscheibe, Beutel/Clutch, baumeln, rund, leserlich, genau, nervig, Reise, umsonst

64 Wortbedeutungen

Lösung

1. Bedeutung	Wort	2. Bedeutung
Auto	Golf	Sportart
Transportmittel	Zug	starker Wind
Schutz/Aufsicht	Hut	Kopfbedeckung
Sportgerät	Ball	Tanzveranstaltung
Körperteil eines Vogels	Flügel	Klavier
Tier	Maus	PC-Maus

65 Wortbedeutung

EA

Hier findest du **Wörter mit mehreren Bedeutungen**. Übernimm die Tabelle in dein Heft. Versuche sie selbst zu vervollständigen. Falls du nicht weiter weißt, hilft dir dein Wörterbuch.

1. Bedeutung	Wort	2. Bedeutung
	Schloss	
	Junge	
	Dame	
	Fahne	
	Pflaster	
	Hahn	

Die Rechtschreibkartei
120 Aufgabenkarten zur Rechtschreibung - Bestell-Nr. 11 093
KOHL VERLAG Der Verlag mit dem Baum
www.kohlverlag.de

66 Wortbedeutungen

EA

Hier findest du **Wörter mit mehreren Bedeutungen**. Übernimm die Tabelle in dein Heft. Versuche sie selbst zu vervollständigen. Falls du nicht weiter weißt, hilft dir dein Wörterbuch.

1. Bedeutung	Wort	2. Bedeutung
	Tau	
	Leiter	
	Laster	
	Kiefer	
	Schauer	
	Tempo	

Die Rechtschreibkartei
120 Aufgabenkarten zur Rechtschreibung - Bestell-Nr. 11 093
KOHL VERLAG Der Verlag mit dem Baum
www.kohlverlag.de

65 Wortbedeutung

Lösung

1. Bedeutung	Wort	2. Bedeutung
zum Abschließen einer Tür	Schloss	burgähnliches Gebäude
junger männl. Mensch	Junge	Nachwuchs von Tieren
vornehme Frau	Dame	Brettspiel
Flagge	Fahne	alkoholischer Geruch
Bodenplatten	Pflaster	Heftpflaster
Wasserhahn	Hahn	Tier

KOHL VERLAG Der Verlag mit dem Baum www.kohlverlag.de
Die Rechtschreibkartei
120 Aufgabenkarten zur Rechtschreibung - Bestell-Nr. 11 093

66 Wortbedeutungen

Lösung

1. Bedeutung	Wort	2. Bedeutung
„Reif“ am Morgen	Tau	Seil
Leiter eines Betriebes	Leiter	zum Hochsteigen
schlechte Angewohnheit	Laster	LKW
Teil des Kopfes	Kiefer	Baum
Gruselschauer	Schauer	Regenschauer
Taschentücher	Tempo	Geschwindigkeit

KOHL VERLAG Der Verlag mit dem Baum www.kohlverlag.de
Die Rechtschreibkartei
120 Aufgabenkarten zur Rechtschreibung - Bestell-Nr. 11 093

67 Wortbedeutungen

EA

Bilde mit den folgenden Wörtern Sätze, sodass man ganz genau weiß, welche Bedeutung des Wortes gemeint ist.

Beispiel: Der ***Wal*** ist ein Säugetier.
Sabrina hat die ***Wahl*** zur Klassensprecherin gewonnen.

Moor – Mohr
Lied – Lid
Ähre – Ehre
Waise – Weise
Zunahme – Zuname
war – wahr
wieder – wider
hohl – hol
lies – ließ
Miene – Mine

Die Rechtschreibkartei – 120 Aufgabenkarten zur Rechtschreibung - Bestell-Nr. 11 093
KOHL VERLAG Der Verlag mit dem Baum www.kohlverlag.de

---

68 Wortfeld

EA

Bilde das Wortfeld rund um das Wort ***„sagen“***.

Beispiel: sprechen, schreien ...

Versuche die Wörter in die Kategorien „laut“ und „leise“ zu ordnen. Schreibe die Wörter einer mindmap in dein Heft. Sicher fallen dir noch andere Möglichkeiten ein, wie man die Wörter noch ordnen könnte.

(Merke: In einem Wortfeld findest du alle Wörter, für die man das ursprüngliche Wort ersetzen kann.)

Die Rechtschreibkartei – 120 Aufgabenkarten zur Rechtschreibung - Bestell-Nr. 11 093
KOHL VERLAG Der Verlag mit dem Baum www.kohlverlag.de

67 Wortbedeutungen

Lösung

Mohr – Mensch afroamerikanischer Herkunft /Eismohr
Moor – Landschaftsform
Lied – Musikstück
Lid – Augenlid
Ähre – Weizenähre, Stiel eines Getreides
Ehre – große Anerkennung
Waise – Kind ohne Eltern
Weise – auf bestimmte Art und Weise
Zunahme – an Gewicht zunehmen
Zuname – Nachname
war – Vergangenheit von sein
wahr – echt, nicht gelogen
wieder – kommt oft noch mal
wider – sich widersetzen, dagegen arbeiten
hohl – leer
hol – Befehlsform zu holen
lies – Befehlsform zu lesen
ließ – Vergangenheit von lassen
Miene – Grimasse, ziehen im Gesicht
Mine – Bleistiftmine, Goldmine

KOHL VERLAG Der Verlag mit dem Baum www.kohlverlag.de Die Rechtschreibkartei 120 Aufgabenkarten zur Rechtschreibung - Bestell-Nr. 11 093

68 Wortfeld

Lösung

Mögliche Lösungen:

laut: rufen, brüllen, schreien, prahlen, jammern, schimpfen, plappern, quatschen

leise: flüstern, wispern, tuscheln, stammeln, plaudern

KOHL VERLAG Der Verlag mit dem Baum www.kohlverlag.de Die Rechtschreibkartei 120 Aufgabenkarten zur Rechtschreibung - Bestell-Nr. 11 093

69 Wortfeld

EA

Bilde das Wortfeld rund um das Wort ***„gehen“***.

<u>Beispiel</u>: laufen, rennen ...

Sicher fällt dir ein, wie man die Wörter noch ordnen könnte um einen besseren Überblick zu bekommen. Schreibe die Wörter einer mindmap in dein Heft.

(<u>Merke</u>: In einem Wortfeld findest du alle Wörter, für die man das ursprüngliche Wort ersetzen kann.)

Die Rechtschreibkartei 120 Aufgabenkarten zur Rechtschreibung - Bestell-Nr. 11 093
KOHL VERLAG www.kohlverlag.de

70 Wortfeld

EA

Bilde ein Wortfeld zum Wort

kochen.

Finde mindestens 5 Wörter die du anstatt des Wortes „kochen“ in einem Text schreiben kannst.

Versuche die gefundenen Wörter zu ordnen.

Die Rechtschreibkartei 120 Aufgabenkarten zur Rechtschreibung - Bestell-Nr. 11 093
KOHL VERLAG www.kohlverlag.de

69 Wortfeld

Lösung

Mögliche Lösungen:

schnell/laut: marschieren, stampfen, schlurfen, torkeln, hüpfen, hinken, stolpern, humpeln

langsam/leise: schleichen, schreiten, latschen, staksen, watscheln, stapfen, bummeln, schlendern, spazieren, trödeln

70 Wortfeld

Lösung

Mögliche Lösungen:

zubereiten, anrichten, erwärmen, verpflegen, bewirten, servieren, zusammenstellen ...

KOHL VERLAG Der Verlag mit dem Baum www.kohlverlag.de Die Rechtschreibkartei 120 Aufgabenkarten zur Rechtschreibung - Bestell-Nr. 11 093

71 Wortfeld

EA

Bilde ein Wortfeld zum Wort

essen.

Finde mindestens 5 Wörter, die du anstatt des Wortes „essen“ in einem Text schreiben kannst.

Versuche die gefundenen Wörter zu ordnen.

Die Rechtschreibkartei
120 Aufgabenkarten zur Rechtschreibung - Bestell-Nr. 11 093
KOHL VERLAG Der Verlag mit dem Baum
www.kohlverlag.de

72 Wortfeld

EA

Bilde ein Wortfeld zum Wort

fernsehen.

Finde mindestens 10 Wörter, mit denen du „fernsehen“ in einem Text ersetzen kannst.

<u>Beispiele</u>: glotzen, schauen, ...

Die Rechtschreibkartei
120 Aufgabenkarten zur Rechtschreibung - Bestell-Nr. 11 093
KOHL VERLAG Der Verlag mit dem Baum
www.kohlverlag.de

71 Wortfeld

Lösung

Mögliche Lösungen:

mampfen, speisen, fressen, zu sich nehmen, füttern, löffeln, aufessen, abessen, wegessen, gegessen

KOHL VERLAG Der Verlag mit dem Baum
www.kohlverlag.de
Die Rechtschreibkartei
120 Aufgabenkarten zur Rechtschreibung - Bestell-Nr. 11 093

72 Wortfeld

Lösung

Mögliche Lösungen:

anschauen, sehen, berieseln lassen, gucken, ansehen, hören, sichten, durchsehen

KOHL VERLAG Der Verlag mit dem Baum
www.kohlverlag.de
Die Rechtschreibkartei
120 Aufgabenkarten zur Rechtschreibung - Bestell-Nr. 11 093

73 Wortfeld

EA

Bilde ein Wortfeld zu dem Begriff

dünn.

Fallen dir 7 Wörter dazu ein?

<u>Beispiel</u>: mager ...

Die Rechtschreibkartei
120 Aufgabenkarten zur Rechtschreibung - Bestell-Nr. 11 093
KOHL VERLAG Der Verlag mit dem Baum
www.kohlverlag.de

74 Wortfeld

EA

Bilde ein Wortfeld zu dem Begriff

dick.

Fallen dir 7 Wörter dazu ein?

<u>Beispiel</u>: fett ...

Die Rechtschreibkartei
120 Aufgabenkarten zur Rechtschreibung - Bestell-Nr. 11 093
KOHL VERLAG Der Verlag mit dem Baum
www.kohlverlag.de

73 Wortfeld

Lösung

Mögliche Lösungen:

dürr, schlank, schmächtig, schmal, mager, dünn wie eine Bohnenstange, magersüchtig ...

KOHL VERLAG Der Verlag mit dem Baum www.kohlverlag.de
Die Rechtschreibkartei 120 Aufgabenkarten zur Rechtschreibung - Bestell-Nr. 11 093

74 Wortfeld

Lösung

Mögliche Lösungen:

fett, pummelig, korpulent, mollig, vollschlank, drall, kräftig, massig, rundlich, untersetzt

KOHL VERLAG Der Verlag mit dem Baum www.kohlverlag.de
Die Rechtschreibkartei 120 Aufgabenkarten zur Rechtschreibung - Bestell-Nr. 11 093

75 Wortfeld

EA

Bilde ein Wortfeld zu dem Begriff

lügen.

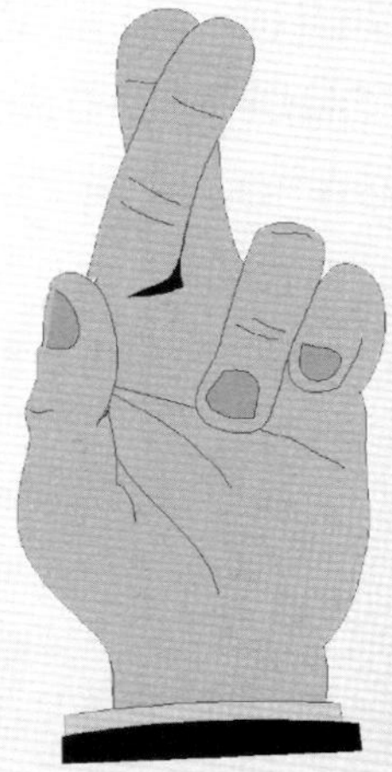

Fallen dir 7 Wörter dazu ein?

<u>Beispiel</u>: flunkern ...

Die Rechtschreibkartei
120 Aufgabenkarten zur Rechtschreibung - Bestell-Nr. 11 093
KOHL VERLAG www.kohlverlag.de

---

76 Wortfeld

EA

Bilde ein Wortfeld zu dem Begriff

lachen.

Fallen dir 7 Wörter dazu ein?

<u>Beispiel</u>: scherzen ...

Die Rechtschreibkartei
120 Aufgabenkarten zur Rechtschreibung - Bestell-Nr. 11 093
KOHL VERLAG www.kohlverlag.de

75 Wortfeld

Lösung

Mögliche Lösungen:

schwindeln, schummeln, täuschen, flunkern, abstreiten, ausschmücken, belügen, bluffen, drumherum reden, erfinden, faseln, erdichten, hintergehen, irreführen, verdrehen

KOHL VERLAG Der Verlag mit dem Baum www.kohlverlag.de
Die Rechtschreibkartei 120 Aufgabenkarten zur Rechtschreibung - Bestell-Nr. 11 093

76 Wortfeld

Lösung

Mögliche Lösungen:

brüllen, grinsen, schmunzeln, jubeln, juchzen, kichern, lächeln, scherzen, strahlen

KOHL VERLAG Der Verlag mit dem Baum www.kohlverlag.de
Die Rechtschreibkartei 120 Aufgabenkarten zur Rechtschreibung - Bestell-Nr. 11 093

77 Wortfeld

EA

Bilde ein Wortfeld zu dem Begriff

weinen.

Fallen dir 10 Wörter dazu ein?

<u>Beispiel</u>: wimmern ...

Die Rechtschreibkartei
120 Aufgabenkarten zur Rechtschreibung - Bestell-Nr. 11 093
KOHL VERLAG Der Verlag mit dem Baum
www.kohlverlag.de

78 Wortfamilie

EA

Bilde eine Wortfamilie rund um das Wort ***„Frau“***.

<u>Beispiel</u>: fraulich, Hausfrau ...

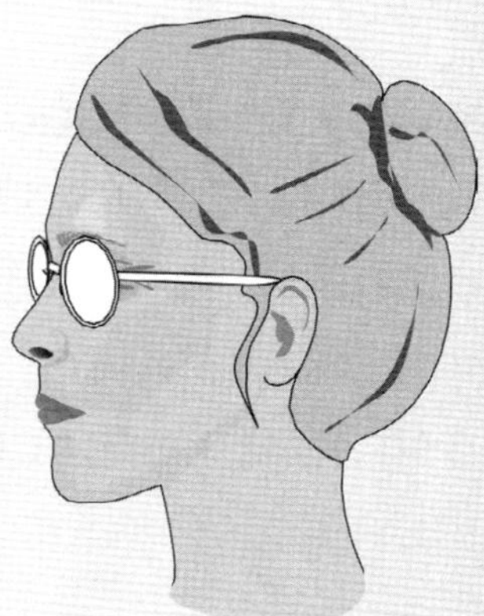

Findest du 5 Wörter? Nimm das Wörterbuch zu Hilfe. Schreibe die Wortfamilie in dein Heft.

Die Rechtschreibkartei
120 Aufgabenkarten zur Rechtschreibung - Bestell-Nr. 11 093
KOHL VERLAG Der Verlag mit dem Baum
www.kohlverlag.de

77 Wortfeld

Lösung

Mögliche Lösungen:

flennen, heulen, jammern, klagen, plärren, brüllen, schluchzen, schreien, wimmern, winseln

78 Wortfamilie

Lösung

Mögliche Lösungen:

Frauenschuh, Fräulein, Frauenzimmer, Frauenschwarm, Frauenquote, Frauenrechtlerin, Frauenparklatz, Frauenpower, Frauenmannschaft, Frauenfußball, Frauenarzt, Frauenheilkunde, Frauenbewegung, Frauenbild, Frauenbund, Frauenarbeit, Hausfrau, Frauenchor, Frauendomäne, Frauengefängnis, Frauenhaar, Frauenheld

Die Rechtschreibkartei
120 Aufgabenkarten zur Rechtschreibung - Bestell-Nr. 11 093
KOHL VERLAG Der Verlag mit dem Baum
www.kohlverlag.de

79 Wortfamilie

EA

Bilde eine Wortfamilie rund um das Wort ***„Kind“***.

<u>Beispiel</u>: Kindergarten, kindisch, ...

Finde 8 Wörter. Wenn du nicht mehr weiter weißt, nimm dein Wörterbuch zu Hilfe. Schreibe die Wortfamilie in dein Heft.

KOHL VERLAG Der Verlag mit dem Baum
www.kohlverlag.de
Die Rechtschreibkartei
120 Aufgabenkarten zur Rechtschreibung - Bestell-Nr. 11 093

80 Wortfamilie

EA

Bilde eine Wortfamilie rund um das Wort ***„Sommer“***.
Sicher findest du 8 neue Wörter.

<u>Beispiel</u>: sommerlich, Sommerschuhe, Sommertag, ...

KOHL VERLAG Der Verlag mit dem Baum
www.kohlverlag.de
Die Rechtschreibkartei
120 Aufgabenkarten zur Rechtschreibung - Bestell-Nr. 11 093

79 **Wortfamilie**

Lösung

Mögliche Lösungen:

Kinderbett, Kindchen, Kinderarzt, Kinderbetreuung, Kinderbuch, Kindererziehung, Kinderfasching, Kinderfrau, Kinderfreibetrag, Kindergottesdienst, Kinderhand, Kinderkrankheit, Kinderkrippe, Kinderladen, kinderlieb, Kinderkrankenhaus, kindersicher

80 **Wortfamilie**

Lösung

Mögliche Lösungen:

Sommerkleid, Sommerurlaub, Sommermonat, Sommermärchen, Sommerfrische, Sommerabend, Sommersonnwende, Sommerzeit, Sommerschlussverkauf, Sommerfahrplan, Sommerfest, Sommeraufenthalt

KOHL VERLAG Der Verlag mit dem Baum www.kohlverlag.de
Die Rechtschreibkartei
120 Aufgabenkarten zur Rechtschreibung - Bestell-Nr. 11 093

81 Wortfamilie

EA

Bilde eine Wortfamilie rund um das Wort ***„Ferien“***.

<u>Beispiel</u>: Ferientag, Ferienzeit...

Findest du 10 Wörter? Nimm dein Wörterbuch zu Hilfe.
Schreibe die Wortfamilie in dein Heft.

Die Rechtschreibkartei
120 Aufgabenkarten zur Rechtschreibung - Bestell-Nr. 11 093
KOHL VERLAG
www.kohlverlag.de

82 Wortfamilie

EA

Bilde eine Wortfamilie rund um das Wort

Frühstück.

Finde für die Wortfamilie mindestens 15 Wörter.

<u>Beispiel</u>: Frühstückstisch ...

Die Rechtschreibkartei
120 Aufgabenkarten zur Rechtschreibung - Bestell-Nr. 11 093
KOHL VERLAG
www.kohlverlag.de

81 Wortfamilie

Lösung

Mögliche Lösungen:

Ferienanlage, Ferienarbeit, Feriengast, Feriendorf, Ferienende, Ferienhaus, Ferienheim, Ferienlager, Ferienort, Ferienreise, Ferienwohnung, Ferienzeit

82 Wortfamilie

Lösung

Mögliche Lösungen:

Frühstückstisch, Frühstücksei, Frühstücksbrötchen, Frühstücksraum, Frühstücksbuffet, Frühstückszeit, Frühstücksspeck, Frühstücksbrot, Frühstücksmenu, Frühstücksservice

KOHL VERLAG Der Verlag mit dem Baum www.kohlverlag.de Die Rechtschreibkartei 120 Aufgabenkarten zur Rechtschreibung - Bestell-Nr. 11 093

83 Wortfamilie

EA

Bilde eine Wortfamilie rund um das Wort

Wohnung.

Finde mindestens 10 Wörter dazu.

Beispiel: Wohnungsauflösung, Wohnungstür ...

Die Rechtschreibkartei
120 Aufgabenkarten zur Rechtschreibung - Bestell-Nr. 11 093
KOHL VERLAG Der Verlag mit dem Baum
www.kohlverlag.de

84 Wortfamilie

EA

Bilde eine Wortfamilie rund um das Wort

Fernsehen.

Finde mindestens 10 Wörter.

Beispiele: Fernsehsessel, Fernsehprogramm ...

Die Rechtschreibkartei
120 Aufgabenkarten zur Rechtschreibung - Bestell-Nr. 11 093
KOHL VERLAG Der Verlag mit dem Baum
www.kohlverlag.de

83 **Wortfamilie**

Lösung

Mögliche Lösungen:

Wohnungsfenster, Wohnungsnachbar, Wohnungseinzug, Wohnungsumzug, Mietwohnung, Wohnungsmieter, Eigentumswohnung, Einliegerwohnung

KOHL VERLAG Der Verlag mit dem Baum www.kohlverlag.de
Die Rechtschreibkartei 120 Aufgabenkarten zur Rechtschreibung - Bestell-Nr. 11 093

84 **Wortfamilie**

Lösung

Mögliche Lösungen:

Fernseh-

Fernsehzeitschrift, Fernsehschauspiel, Fernsehserie, Fernsehschauspieler, Fernsehsoap, Fernsehredakteur, Fernsehmoderator, Fernsehsender, Fernsehanstalt, Fernsehzuschauer

KOHL VERLAG Der Verlag mit dem Baum www.kohlverlag.de
Die Rechtschreibkartei 120 Aufgabenkarten zur Rechtschreibung - Bestell-Nr. 11 093

85 Wortfamilie

EA

Bilde eine Wortfamilie rund um das Wort

Computer.

Finde mindestens 10 Wörter.

Beispiele: Maus, Laptop …

KOHL VERLAG Der Verlag mit dem Baum www.kohlverlag.de
Die Rechtschreibkartei 120 Aufgabenkarten zur Rechtschreibung - Bestell-Nr. 11 093

86 Wortfamilie

EA

Bilde eine Wortfamilie rund um das Wort

Süßigkeiten.

Finde mindestens 10 Wörter.

Beispiele: Schokoriegel, Bonbons ...

KOHL VERLAG Der Verlag mit dem Baum www.kohlverlag.de
Die Rechtschreibkartei 120 Aufgabenkarten zur Rechtschreibung - Bestell-Nr. 11 093

85 **Wortfamilie** **Lösung**

Mögliche Lösungen:

Maus, Laptop, Mauspad, Bildschirm, Smartbook, Netbook, Tastatur, Laufwerk, Festplatte, PC

KOHL VERLAG Der Verlag mit dem Baum www.kohlverlag.de Die Rechtschreibkartei 120 Aufgabenkarten zur Rechtschreibung - Bestell-Nr. 11 093

86 **Wortfamilie** **Lösung**

Mögliche Lösungen:

Schokoriegel, Bonbons, Brausestäbchen, Schokoladentafel, Drops, Esspapier, Gummibärchen, Weingummi, Schokoküsse, Schokoladenhase, Schokoladennikolaus, Zuckerwatte, Kekse

KOHL VERLAG Der Verlag mit dem Baum www.kohlverlag.de Die Rechtschreibkartei 120 Aufgabenkarten zur Rechtschreibung - Bestell-Nr. 11 093

87 Wortfamilie

EA

Bilde eine Wortfamilie zum Thema

führen.

Finde mindestens 10 Wörter.

Beispiel: abführen

KOHL VERLAG Der Verlag mit dem Baum
www.kohlverlag.de
Die Rechtschreibkartei
120 Aufgabenkarten zur Rechtschreibung - Bestell-Nr. 11 093

88 Wortfamilie

EA

Bilde eine Wortfamilie zum Thema

sagen.

Finde mindestens 10 Wörter.

Beispiel: lossagen

KOHL VERLAG Der Verlag mit dem Baum
www.kohlverlag.de
Die Rechtschreibkartei
120 Aufgabenkarten zur Rechtschreibung - Bestell-Nr. 11 093

89 **Wortfamilie** **Lösung**

Mögliche Lösungen:

Sportveranstaltung, Sportlehrer, Sporthalle, Ballsport, Hallensport, Sportler, Sportlerin, Sportstunde, Sportgruppe, Schwimmsport, Leistungssport

KOHL VERLAG Der Verlag mit dem Baum www.kohlverlag.de
Die Rechtschreibkartei 120 Aufgabenkarten zur Rechtschreibung - Bestell-Nr. 11 093

90 **Wortbildung - Nachsilben** **Lösung**

Mögliche Lösungen:

Mahlzeit, Spielzeit, Uhrzeit, Pausenzeit, Essenszeit, Sommerzeit, Winterzeit, Abendzeit, Nachtzeit

KOHL VERLAG Der Verlag mit dem Baum www.kohlverlag.de
Die Rechtschreibkartei 120 Aufgabenkarten zur Rechtschreibung - Bestell-Nr. 11 093

91 Wortbildung - Nachsilben

EA

Finde mindestens 15 Begriffe mit der Nachsilbe

-ung.

<u>Beispiel</u>: Nachahm-ung

Wenn du fertig bist, ordne die Wörter nach dem Alphabet.

Die Rechtschreibkartei
120 Aufgabenkarten zur Rechtschreibung - Bestell-Nr. 11 093
KOHL VERLAG Der Verlag mit dem Baum
www.kohlverlag.de

92 Wortbildung - Vorsilben

EA

Finde mindestens 15 Begriffe mit der Vorsilbe

be-

<u>Beispiel</u>: be-schreiben

Wenn du fertig bist, ordne die Wörter nach dem Alphabet.

Die Rechtschreibkartei
120 Aufgabenkarten zur Rechtschreibung - Bestell-Nr. 11 093
KOHL VERLAG Der Verlag mit dem Baum
www.kohlverlag.de

91 Wortbildung - Nachsilben

Lösung

Mögliche Lösungen:

Ahnung, Änderung, Aufregung, Belohnung, Bestrafung, Bildung, Endung, Entscheidung, Erfindung, Entschuldigung, Lenkung, Leitung, Ordnung, Wohnung, Zeitung, Werbung, Übung, Versammlung, Prüfung, Reinigung

KOHL VERLAG Der Verlag mit dem Baum www.kohlverlag.de
Die Rechtschreibkartei 120 Aufgabenkarten zur Rechtschreibung - Bestell-Nr. 11 093

92 Wortbildung - Vorsilben

Lösung

Mögliche Lösungen:

bestimmt, befreien, bemuttern, bereisen, beenden, beauftragen, behalten, beabsichtigen, Beamter, beängstigen, beanspruchen, beanstanden, Beatmung, Beaufsichtigung, Bebauung

KOHL VERLAG Der Verlag mit dem Baum www.kohlverlag.de
Die Rechtschreibkartei 120 Aufgabenkarten zur Rechtschreibung - Bestell-Nr. 11 093

93 Wortbildung - Nachsilben

EA

Finde mindestens 15 Wörter mit der Nachsilbe

-heit.

Beispiel: Schön -heit

Wenn du fertig bist, ordne die Wörter nach dem Alphabet.

Die Rechtschreibkartei
120 Aufgabenkarten zur Rechtschreibung - Bestell-Nr. 11 093
KOHL VERLAG Der Verlag mit dem Baum
www.kohlverlag.de

---

94 Wortbildung - Nachsilben

EA

Finde mindestens 15 Wörter mit der Nachsilbe

-keit.

Beispiel: Schnellig -keit

Wenn du fertig bist, ordne die Wörter nach dem Alphabet.

Die Rechtschreibkartei
120 Aufgabenkarten zur Rechtschreibung - Bestell-Nr. 11 093
KOHL VERLAG Der Verlag mit dem Baum
www.kohlverlag.de

93 **Wortbildung - Nachsilben** **Lösung**

Mögliche Lösungen:

Blindheit, Blödheit, Bosheit, Dummheit, Dunkelheit, Einheit, Faulheit, Frechheit, Freiheit, Gelegenheit, Gesundheit, Gewohnheit, Klugheit, Krankheit, Mehrheit, Schönheit, Sicherheit, Wahrheit

Die Rechtschreibkartei 120 Aufgabenkarten zur Rechtschreibung - Bestell-Nr. 11 093
KOHL VERLAG Der Verlag mit dem Baum www.kohlverlag.de

94 **Wortbildung - Nachsilben** **Lösung**

Mögliche Lösungen:

Dankbarkeit, Ehrlichkeit, Einigkeit, Eitelkeit, Fähigkeit, Festigkeit, Flüssigkeit, Freundlichkeit, Geschwindigkeit, Heiserkeit, Helligkeit, Hilflosigkeit, Lesbarkeit, Sauberkeit, Tapferkeit, Übelkeit, Zärtlichkeit

Die Rechtschreibkartei 120 Aufgabenkarten zur Rechtschreibung - Bestell-Nr. 11 093
KOHL VERLAG Der Verlag mit dem Baum www.kohlverlag.de

95 Wortspielereien

EA

Welche neuen Wörter kannst du mit den Buchstaben des Wortes ***Bundesliga*** bilden?

Pro Wort darfst du aber jeden Buchstaben nur einmal verwenden. Also nicht Busse, sondern nur Bus.

Wenn du sehr gut bist, findest du mindestens 20 neue Wörter.

Beispiel: Liga, Land, Band, Seil ...

Die Rechtschreibkartei - Bestell-Nr. 11 093
120 Aufgabenkarten zur Rechtschreibung
KOHL VERLAG Der Verlag mit dem Baum
www.kohlverlag.de

96 Wortspielereien

EA

Bilde mit den Buchstaben des Wortes ***„HAUSMEISTER“*** so viele neue Wörter wie möglich.

Schaffst du mehr als 15?

Beispiele: Sau, Tier, Reim, ...

Die Rechtschreibkartei - Bestell-Nr. 11 093
120 Aufgabenkarten zur Rechtschreibung
KOHL VERLAG Der Verlag mit dem Baum
www.kohlverlag.de

95 Wortspielereien

Lösung

Mögliche Lösungen:

Leguan, Bund, Insel, Sieg, Sand, Geld, Liga, Gabel, agil, blau, des, ein, gesund, Beluga, und, Eis, Ei, Auge, Beil, Bus, egal, Angel, Gans, Seil, Busen, geil, Band, Land, Ilse, Gaube, Laube, glauben, Glaube

96 Wortspielereien

Lösung

Mögliche Lösungen:

Sau, Tier, Reim, Stau, Maus, Haus, Meister, Tau, rau, raus, mir, Mist, Tee, Heer, Heim, Auster, reite, Ruhe, Mus, Muss, Mut, Turm, Arm, Ass, Aster, Hast, mit, Muster

KOHL VERLAG Der Verlag mit dem Baum www.kohlverlag.de Die Rechtschreibkartei 120 Aufgabenkarten zur Rechtschreibung - Bestell-Nr. 11 093

97 Wortspielereien

EA

Bilde mit den Buchstaben des Wortes ***„RATEFUCHS“*** so viele neue Wörter wie möglich.

Schaffst du mehr als 15?

Beispiele: Raute, Suche, Tau, er ...

Die Rechtschreibkartei
120 Aufgabenkarten zur Rechtschreibung - Bestell-Nr. 11 093
KOHL VERLAG
www.kohlverlag.de

98 Wortspielereien

EA

- Finde so viele Reimwörter wie möglich.
- Welches Wort hat mehr als eine Bedeutung?
- Erkläre in einem Satz, warum.

➔ Lust

➔ Kuss

➔ Putzen

➔ Kochen

Die Rechtschreibkartei
120 Aufgabenkarten zur Rechtschreibung - Bestell-Nr. 11 093
KOHL VERLAG
www.kohlverlag.de

97 Wortspielereien

Lösung

<u>Mögliche Lösungen</u>:

Rat, Fuchs, er, es, Suche, Tuch, Tag, auf, rauf, Haus, treu, Sau, schau, sehr, Star, Saft, hart, Fahrt, Harfe, Sucht, euch, Hufe, Huf, sauer, Pfau, Rache, Fracht, Tracht, sachte, Traufe, Taufe, Frau, rau

KOHL VERLAG Der Verlag mit dem Baum www.kohlverlag.de
Die Rechtschreibkartei 120 Aufgabenkarten zur Rechtschreibung - Bestell-Nr. 11 093

98 Wortspielereien

Lösung

<u>Mögliche Lösungen</u>:

Lust - Frust
Kuss - muss
Putzen - motzen, rotzen
Kochen - lochen (Kochen hat mehrere Bedeutungen, man kann Essen kochen und man kann vor Wut kochen, wenn man sich sehr aufregt.)

KOHL VERLAG Der Verlag mit dem Baum www.kohlverlag.de
Die Rechtschreibkartei 120 Aufgabenkarten zur Rechtschreibung - Bestell-Nr. 11 093

99 Wortspielereien

EA

Finde so viele Reimwörter wie möglich:

- ➔ Liebe
- ➔ Sieg
- ➔ Tanne
- ➔ Suppe

KOHL VERLAG Der Verlag mit dem Baum www.kohlverlag.de
Die Rechtschreibkartei 120 Aufgabenkarten zur Rechtschreibung - Bestell-Nr. 11 093

100 Wortspielereien

EA

- Bilde mit den Buchstaben des Wortes ***„Schaufenster“*** so viele neue Wörter wie möglich.
- Schaffst du mehr als 15?

<u>Beispiele</u>: Haufen, Trense, ...

KOHL VERLAG Der Verlag mit dem Baum www.kohlverlag.de
Die Rechtschreibkartei 120 Aufgabenkarten zur Rechtschreibung - Bestell-Nr. 11 093

99 Wortspielereien

Lösung

<u>Mögliche Lösungen</u>:

Liebe - Hiebe - Siebe - Diebe

Sieg - Krieg

Tanne - Amme - Panne

Suppe - Puppe - Fluppe

KOHL VERLAG Der Verlag mit dem Baum www.kohlverlag.de
Die Rechtschreibkartei 120 Aufgabenkarten zur Rechtschreibung - Bestell-Nr. 11 093

100 Wortspielereien

Lösung

<u>Mögliche Lösungen</u>:

Ernte, Haufen, Rate, Traufe, Taufe, Faust, Fenster, schauen, Fuchs, Tuch, Rache, Nacht, sachte, Tracht, Aufseher, Schaf, tauchen, rauchen, saufen, aufstehen

KOHL VERLAG Der Verlag mit dem Baum www.kohlverlag.de
Die Rechtschreibkartei 120 Aufgabenkarten zur Rechtschreibung - Bestell-Nr. 11 093

101 Wortspielereien

EA

- Bilde mit den Buchstaben des Wortes ***„Feierabend"*** so viele neue Wörter wie möglich.

- Schaffst du mehr als 15?

<u>Beispiele</u>: Bad, er, Bar, ...

Die Rechtschreibkartei
120 Aufgabenkarten zur Rechtschreibung - Bestell-Nr. 11 093
KOHL VERLAG www.kohlverlag.de

---

102 Wortspielereien

EA

- Bilde mit den Buchstaben des Wortes ***„Gartenteich"*** so viele neue Wörter wie möglich.
- Schaffst du mehr als 15?

<u>Beispiele</u>: Tier, Teint, raten ...

Die Rechtschreibkartei
120 Aufgabenkarten zur Rechtschreibung - Bestell-Nr. 11 093
KOHL VERLAG www.kohlverlag.de

101 Wortspielereien

Lösung

Mögliche Lösungen:

Ei, Eier, der, die, da, Dieb, Feier, Abend, Band, Bier, Rabe, Reibe, reif, reifen, rief, ran, darben, drei, Bein, Beine, dein, deine, dir, Farbe, Farben

102 Wortspielereien

Lösung

Mögliche Lösungen:

Garten, Teich, Rate, Tier, Trage, Eiche, Ente, Ratte, gar, Ernte, Reich, tragen, Teer, Niete, Tee, ernten, Gicht, Rache, Nacht, Acht, Tracht, Gerte, Art, Tiger, Regen, Neger, nett, Natter, Gatte, Gicht, Nichte, hart

KOHL VERLAG Der Verlag mit dem Baum www.kohlverlag.de Die Rechtschreibkartei 120 Aufgabenkarten zur Rechtschreibung - Bestell-Nr. 11 093

103 Wortspielereien

EA / GA

- Bilde mit den Buchstaben des Wortes

„SCHAUFENSTERPUPPE"

so viele neue Wörter wie möglich.

- Schaffst du mehr als 15?

<u>Beispiele</u>: Luchs, Tuer, Haufen, Fuchs, Pappe ...

(Veranstaltet in der Klasse einen Wettbewerb, wer die meisten findet. Es sind bis zu 129 neue Wörter möglich. Ihr dürft aber jeden Buchstaben nur so oft verwenden, wie er im Wort vorkommt.)

Die Rechtschreibkartei
120 Aufgabenkarten zur Rechtschreibung - Bestell-Nr. 11 093
KOHL VERLAG Der Verlag mit dem Baum
www.kohlverlag.de

104 Wortspielereien

EA

- Bilde mit den Buchstaben des Wortes

„PERSONALAUSWEIS"

so viele neue Wörter wie möglich.

- Schaffst du mehr als 15?

<u>Beispiele</u>: Person, Laus ...

Die Rechtschreibkartei
120 Aufgabenkarten zur Rechtschreibung - Bestell-Nr. 11 093
KOHL VERLAG Der Verlag mit dem Baum
www.kohlverlag.de

103 **Wortspielereien** **Lösung**

Mögliche Lösungen:

Haustuer, Treppenhaus, Sache, Papst, Ernst, Schnepfe, Aussteuer, Fuchs, Schnaps, Harpune, Herpes, Hast, Faust, Stachus, Fee, Tee, Schuppen, Raupe, Treppe, Schere, Schuster, Puppe, Teerpappe, Haustreppe, Puppenhaus, Fenster, Pest, fauchen, scheu, schauen, Ufer, Nest, Aufseher, pusten, Pfau, Hupe, Schuster, Paste, Panther, Raute, saufen, Traufe, Pute, Euter, Haft, Rast, Pause

KOHL VERLAG Der Verlag mit dem Baum www.kohlverlag.de Die Rechtschreibkartei 120 Aufgabenkarten zur Rechtschreibung - Bestell-Nr. 11 093

104 **Wortspielereien** **Lösung**

Mögliche Lösungen:

Ausweis, aus, wissen, so, per, Nuss, Solar, Nase, Insel, Eis, also, wie, Posaune, Rosine, Rose, raus, Laus, nasal, rosa, lassen, lesen, rasen, Opa, Opal, oral, Sau, nass, leer, Weile, Eile, Seil, essen, Pass, Palas, sie, er, es, wir, wer, wessen, Wasser, Wal, warm, ran

KOHL VERLAG Der Verlag mit dem Baum www.kohlverlag.de Die Rechtschreibkartei 120 Aufgabenkarten zur Rechtschreibung - Bestell-Nr. 11 093

105 Wortspielereien

EA

- Bilde mit den Buchstaben des Wortes ***„GRIECHENLAND"*** so viele neue Wörter wie möglich.
- Schaffst du mehr als 15?

<u>Beispiele</u>: Leiche, Nil ...

Die Rechtschreibkartei
120 Aufgabenkarten zur Rechtschreibung - **Bestell-Nr. 11 093**
KOHL VERLAG Der Verlag mit dem Baum
www.kohlverlag.de

106 Wortspielereien

EA

- Bilde mit den Buchstaben des Wortes

„WASSERRUTSCHE"

so viele neue Wörter wie möglich.

- Schaffst du mehr als 15?

<u>Beispiele</u>: Rest, Esche ...

Die Rechtschreibkartei
120 Aufgabenkarten zur Rechtschreibung - **Bestell-Nr. 11 093**
KOHL VERLAG Der Verlag mit dem Baum
www.kohlverlag.de

105 Wortspielereien

Lösung

Mögliche Lösungen:

hier, Hirn, leer, gar, drei, Eiche, dir, Gral, Land, Grieche, Hand, Haendler, riechen, reich, an, dran, da, Deich, Laich, lachen, Laerche, hecheln, Handel, Irland, Ire, Ideal, Igel, Inn, Meer, Erde, Drache, Arche, Eiche, nie, nein, greinen, Erde, dich, Leid, Ei, Heil, China, Lende, Elend, Hand, riechen, hier, reich

KOHL VERLAG Der Verlag mit dem Baum www.kohlverlag.de
Die Rechtschreibkartei 120 Aufgabenkarten zur Rechtschreibung - Bestell-Nr. 11 093

106 Wortspielereien

Lösung

Mögliche Lösungen:

Wasser, Russe, Rutsche, Rest, Esche, Trasse, Ware, Art, Ast, Wert, Tasse, Tee, rasch, erster, Aster, er, es, wer, Wehr, Terrasse, stur, Asche, echt, Tasche, sehr, Sau, Trauer, Tau, Rauch, Suche, Sache, Rache, Teer, Rasse, Rute, Wurst, hart, Weste, Rast, Stachus, Euter, sachte, Art

KOHL VERLAG Der Verlag mit dem Baum www.kohlverlag.de
Die Rechtschreibkartei 120 Aufgabenkarten zur Rechtschreibung - Bestell-Nr. 11 093

107 Wortspielereien

EA

- Bilde mit den Buchstaben des Wortes

„FERNSEHPROGRAMM"

so viele neue Wörter wie möglich.

- Schaffst du mehr als 15?

<u>Beispiele</u>: sehen, mager ...

Die Rechtschreibkartei
120 Aufgabenkarten zur Rechtschreibung - **Bestell-Nr. 11 093**
KOHL VERLAG Der Verlag mit dem Baum
www.kohlverlag.de

108 Wortspielereien

EA

- Bilde mit den Buchstaben des Wortes

„EUROPAMEISTER"

so viele neue Wörter wie möglich.

- Schaffst du mehr als 15?

<u>Beispiele</u>: Team, Rum ...

Die Rechtschreibkartei
120 Aufgabenkarten zur Rechtschreibung - **Bestell-Nr. 11 093**
KOHL VERLAG Der Verlag mit dem Baum
www.kohlverlag.de

107 Wortspielereien

Lösung

Mögliche Lösungen:

Gramm, Horn, Fee, Pommes, sehen, See, Ohr, Form, Ehe, Herr, Horn, Hose, morgen, Sorge, Sommer, Nase, Erna, Hammer, Poree, sehr, Arm, Magen, Muss, Hof, Mus, Orga, Organ, Ferne, Po, sogar, Rasen, Rose, Heer, Harfe, Hafen, Masern, Sporn, Meer, Norm, Rom, Roman, Norma, Ammer, Emmer, Samen, Sofa, Harn, Farn, Garn

KOHL VERLAG Der Verlag mit dem Baum www.kohlverlag.de
Die Rechtschreibkartei 120 Aufgabenkarten zur Rechtschreibung - Bestell-Nr. 11 093

108 Wortspielereien

Lösung

Mögliche Lösungen:

Reim, Reise, Tier, Reis, Eimer, pro, Rom, Meister, Ameise, Meise, Star, stur, Sport, Promi, Europa, Stier

KOHL VERLAG Der Verlag mit dem Baum www.kohlverlag.de
Die Rechtschreibkartei 120 Aufgabenkarten zur Rechtschreibung - Bestell-Nr. 11 093

109 Wortspielereien

EA

- Bilde mit den Buchstaben des Wortes

„SCHULFERIEN"

so viele neue Wörter wie möglich.

- Schaffst du mehr als 15?

<u>Beispiele</u>: Rhein, rein ...

Die Rechtschreibkartei 120 Aufgabenkarten zur Rechtschreibung - **Bestell-Nr. 11 093**
KOHL VERLAG Der Verlag mit dem Baum
www.kohlverlag.de

110 Wortspielereien

EA

- Bilde mit den Buchstaben des Wortes

„KINDERSPIELPLATZ"

so viele neue Wörter wie möglich.

- Schaffst du mehr als 15?

<u>Beispiele</u>: Lieder, Latz ...

Die Rechtschreibkartei 120 Aufgabenkarten zur Rechtschreibung - **Bestell-Nr. 11 093**
KOHL VERLAG Der Verlag mit dem Baum
www.kohlverlag.de

109 Wortspielereien

Lösung

Mögliche Lösungen:

frei, Luchs, Fuchs, Nil, schlurfen, riefen, rufen, rief, Hirn, nur, er, Niere, Hilfe, helfen, Ferien, Schulen, schleifen, schreien

KOHL VERLAG Der Verlag mit dem Baum www.kohlverlag.de
Die Rechtschreibkartei
120 Aufgabenkarten zur Rechtschreibung - Bestell-Nr. 11 093

110 Wortspielereien

Lösung

Mögliche Lösungen:

Kind, Spiel, Platz, Rind, Rand, Patzer, der, dir, in, sie, Reise, leise, Tier, Ziel, Zink, Riese, Nil, Plan, Park, Ritze

KOHL VERLAG Der Verlag mit dem Baum www.kohlverlag.de
Die Rechtschreibkartei
120 Aufgabenkarten zur Rechtschreibung - Bestell-Nr. 11 093

111 Wortspielereien

EA

Bilde mit den Anfangsbuchstaben sinnvolle, vollständige Sätze.

Vornamen dürfen nicht benutzt werden und die Reihenfolge der Buchstaben darf nicht verändert werden.

1. D S I U *(Beispiel: Der Stuhl ist unten.)*
2. P S K L
3. W N I R

Die Rechtschreibkartei
120 Aufgabenkarten zur Rechtschreibung - Bestell-Nr. 11 093
KOHL VERLAG Der Verlag mit dem Baum
www.kohlverlag.de

112 Wortspielereien

EA

Bilde mit den Anfangsbuchstaben sinnvolle, vollständige Sätze.

Vornamen dürfen nicht benutzt werden und die Reihenfolge der Buchstaben darf nicht verändert werden.

1. K E F R R
2. O M L A A
3. D A B V N *(Beispiel: Der Abend bringt viel Neues.)*

Die Rechtschreibkartei
120 Aufgabenkarten zur Rechtschreibung - Bestell-Nr. 11 093
KOHL VERLAG Der Verlag mit dem Baum
www.kohlverlag.de

111 Wortspielereien

Lösung

<u>Mögliche Lösungen</u>:

Paare sind keine Langweiler.
Wir nicken immer richtig.

KOHL VERLAG Der Verlag mit dem Baum www.kohlverlag.de
Die Rechtschreibkartei
120 Aufgabenkarten zur Rechtschreibung - Bestell-Nr. 11 093

112 Wortspielereien

Lösung

<u>Mögliche Lösungen</u>:

„Keine einfache Fahrt", raunten Rentner.
Ohne Mühe las Arzt Autoatlas.

KOHL VERLAG Der Verlag mit dem Baum www.kohlverlag.de
Die Rechtschreibkartei
120 Aufgabenkarten zur Rechtschreibung - Bestell-Nr. 11 093

113 Wortspielereien

EA

Bilde mit den Anfangsbuchstaben sinnvolle, vollständige Sätze.

Vornamen dürfen nicht benutzt werden und die Reihenfolge der Buchstaben darf nicht verändert werden.
Es dürfen auch Unsinnsätze sein!

1. R U F O N

(Beispiel: Reisen und fernsehen ohne Nutzen.)

2. W G W I D S

3. I W L U D F

Die Rechtschreibkartei - 120 Aufgabenkarten zur Rechtschreibung - Bestell-Nr. 11 093
KOHL VERLAG Der Verlag mit dem Baum - www.kohlverlag.de

114 Worterklärungen

EA

Kannst du die folgenden Begriffe in eigenen Worten erklären?
Schreibe dein eigenes kleines Wörterbuch, versuche dabei die Bestandteile der Wörter so wenig wie möglich zu benutzen.

Abgas - Ausweis - Bad - Betrugsversuch - Beweismittel - biegsam - Diebstahl - empfindlich - eng - Falschgeld - Felsbrocken - fremd - freundlich - Glasscheibe - Grashalm - Halswirbel - Handtasche - Kleid - kreisförmig - lesbar - Schadstoff - Schlagloch - sorgfältig - Sprungtuch - Staubtuch - unerträglich - Urlaubsfahrt - vergeblich

Die Rechtschreibkartei - 120 Aufgabenkarten zur Rechtschreibung - Bestell-Nr. 11 093
KOHL VERLAG Der Verlag mit dem Baum - www.kohlverlag.de

113 Wortspielereien

Lösung

<u>Mögliche Lösungen</u>:

Willi ging wegen Iris durch Salzburg.
Ich war leise und durfte fernsehen.

Die Rechtschreibkartei
120 Aufgabenkarten zur Rechtschreibung - Bestell-Nr. 11 093
KOHL VERLAG Der Verlag mit dem Baum
www.kohlverlag.de

---

114 Worterklärungen

Lösung

Abgas – Abluft eines Autos
Ausweis – Dokument zur Personenidentifizierung
Bad – Nasszelle
Betrugsversuch – Versuch jemanden zu betrügen
Beweismittel – Dinge, die belegen, dass jemand etwas getan hat.
biegsam – nicht starr
Diebstahl – jemand klaut etwas
empfindlich – sehr empfindsam oder sensibel sein
eng – nicht weit
Falschgeld – unechtes Geld
Felsbrocken – großer Stein, der sich aus einem Felsen oder Berg gelöst hat
fremd – nicht bekannt
freundlich – nett
Glasscheibe – Fensterscheibe
Grashalm – Halm eines Grases
Halswirbel – Wirbel der Wirbelsäule im oberen Bereich
Handtasche – Tasche für Frauen, die sie am Arm hängen haben oder in der Hand tragen
Kleid – Kleidungsstück, Oberteil und Rock zusammengenäht
kreisförmig – Form eines Kreises
lesbar – leserlich
Schadstoff – gefährlicher Stoff, der meist in die Luft abgesetzt wird, ähnlich wie Abgas
Schlagloch – großes Loch in der Straße, kalte Witterung lässt den Asphalt reißen und ist für Autos gefährlich.
sorgfältig – sehr genau
Sprungtuch – Feuerwehren haben große Tücher, um Menschen aus hohen Gebäuden auffangen zu können.
Staubtuch – Tuch zum Staubwischen
unerträglich – nervig
Urlaubsfahrt – Reise
vergeblich – umsonst

Die Rechtschreibkartei
120 Aufgabenkarten zur Rechtschreibung - Bestell-Nr. 11 093
KOHL VERLAG Der Verlag mit dem Baum
www.kohlverlag.de

115 Worterklärungen

EA

Erkläre die Bedeutungen der folgenden Wörter:

➔ Uhu

➔ Mus

➔ Muss

Die Rechtschreibkartei
120 Aufgabenkarten zur Rechtschreibung - Bestell-Nr. 11 093
KOHL VERLAG Der Verlag mit dem Baum
www.kohlverlag.de

116 Gegenteile

EA

Finde für die folgenden Wörter jeweils das Gegenteil, falls es eines gibt.

Abgas - anstrengend - beweglich - biegsam - empfindlich - Endlauf - eng - erlaubt - Falschgeld - fremd - freundlich - getrübt - kreisförmig - lesbar - sorgfältig - unerträglich - Urlaubsfahrt - vergeblich

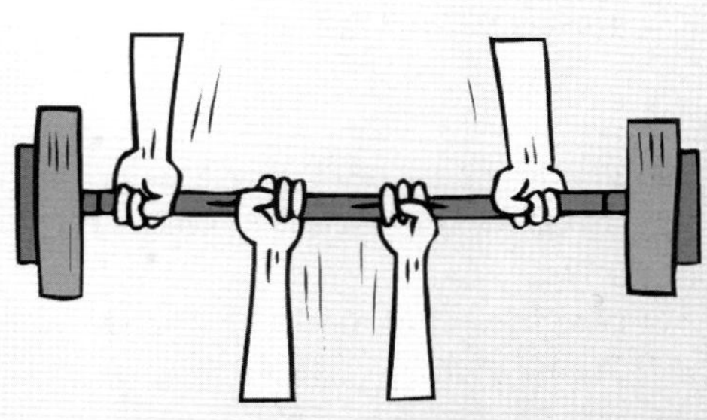

Die Rechtschreibkartei
120 Aufgabenkarten zur Rechtschreibung - Bestell-Nr. 11 093
KOHL VERLAG Der Verlag mit dem Baum
www.kohlverlag.de

115 Worterklärungen

Lösung

Uhu: Klebestift; Nachtvogel; männliche Eule

Mus: Apfelmus

Muss: Drang etwas zu haben oder zu tun, um vielleicht „In“ zu sein

116 Gegenteile

Lösung

Abgas – frische Luft
anstrengend – leicht, mühelos
beweglich – unbeweglich, biegsam – starr, Endlauf – Startlauf, eng – weit, erlaubt – verboten, Falschgeld – echtes Geld, fremd – bekannt, freundlich – unfreundlich, getrübt – klar, kreisförmig – eckig, lesbar – unleserlich, sorgfältig – schlampig/unordentlich, unerträglich – erträglich, Urlaubsfahrt – Arbeitsfahrt, vergeblich – erfolgreich

KOHL VERLAG Der Verlag mit dem Baum www.kohlverlag.de Die Rechtschreibkartei 120 Aufgabenkarten zur Rechtschreibung - Bestell-Nr. 11 093

117 Durcheinander

EA

Hier sind einige Wörter durcheinander gewirbelt. Kannst du sie entwirbeln und in ihrer richtigen Zusammensetzung aufschreiben?

Abversuch - angebgas - anstrengend - Auslich - Bad - Betrugsweis - beweglich - Beweismittel - biegsam - Diebgeld - empfindlich - Endlauf - erheblich - erlaubt - Falschstahl - fängt - Felsfaden - freundlich - Geduldsbrocken - getrübt - Glaswirbel - Grastasche - Halsscheibe - Handhalm - Kleid - kreisbar - lesförmig - Lobrede - Radwechsel - Schadfahrt - Schlagtuch - sorgfältig - Sprungloch - Staubträglich - unertuch - Urlaubsstoff - vergeblich

Die Rechtschreibkartei
120 Aufgabenkarten zur Rechtschreibung - Bestell-Nr. 11 093
KOHL VERLAG Der Verlag mit dem Baum
www.kohlverlag.de

118 Verwandte Wörter

EA

Zu diesen Wörtern fallen die bestimmt auch die verwandten Wörter ein. Schreibe sie wie das Beispiel in dein Heft.

<u>Beispiel</u>: trägst (tragen, Trage)

ärmer – behältst – bräunlich – fällen – färben – Gämse – Gebäude – gebräuchlich – Gelächter – Geräusch – glätten – gläubig – lässt – mäßig – nachlässig – nämlich – rätseln – räumen – säen – schädlich – stärken – Tätigkeit – trägst – träumen – verstärken – wächst – wählen – wäre – wäscht – zählen – zähmen

Die Rechtschreibkartei
120 Aufgabenkarten zur Rechtschreibung - Bestell-Nr. 11 093
KOHL VERLAG Der Verlag mit dem Baum
www.kohlverlag.de

117 Durcheinander

Lösung

Abgas, angeberisch, Ausweis, Betrugsversuch, Diebstahl, Falschgeld, Felsbrocken, Geduldsfaden, Glasscheibe, Halswirbel, Handtasche, kreisförmig, lesbar, Schadstoff, Schlagloch, Sprungtuch, Staubtuch, unerträglich, Urlaubsreise

118 Verwandte Wörter

Lösung

Arm, behalten - Behälter, braun, Fall, Farbe, bauen, brauchen - Gebrauch, lachen, rauschen, glatt, glauben, lassen, Maß, nachlassen, Rätsel, Raum, Saat, Schaden, stark, tun, tragen, Zahl, zahm

KOHL VERLAG Der Verlag mit dem Baum www.kohlverlag.de
Die Rechtschreibkartei 120 Aufgabenkarten zur Rechtschreibung - Bestell-Nr. 11 093

119 Verwandte Wörter

EA

Diese Wörter lassen sich nur schwer ableiten oder verlängern:

Ärger – Bär – Gerät – Käfer – Käse – Märchen – Lärm – Mädchen – März – sägen – schräg – spät – Träne – vorwärts – während

- Bilde mit ihnen Sätze.
- Mit welchen Wörtern kannst du den Plural bilden?

Die Rechtschreibkartei - Bestell-Nr. 11 093
120 Aufgabenkarten zur Rechtschreibung
KOHL VERLAG Der Verlag mit dem Baum
www.kohlverlag.de

120 Unsinnsätze

EA

Bilde mit den Wörtern Unsinnsätze.

<u>Beispiel</u>: Das Maskottchen verschiebt den Computerraum.

Hungerlohn – erfreulich – Maskottchen – lustig – ängstlich – Betriebsfeier – spielen – Maskenball – maskieren – schreien – flüssig – singen – leicht – Computerraum – verschieben – nett – Schule – blass – Quark – Quatsch – putzen – sieben – befreien – fest – Putzfrau – Milch – backen – fernsehen – schieben – sammeln – Lehrer – Klassenzimmer – wischen – müde – schlafen – gehorchen – Unfug – lieblich – hübsch

Die Rechtschreibkartei - Bestell-Nr. 11 093
120 Aufgabenkarten zur Rechtschreibung
KOHL VERLAG Der Verlag mit dem Baum
www.kohlverlag.de

119 Verwandte Wörter

Lösung

<u>Mögliche Lösungen</u>:

Das bringt uns nur Ärger ein.
Der Bär ist braun.
Kannst du mir bitte das Gerät einstecken.
Der Käfer krabbelt über die Wiese.
Der Käse stinkt.
Das Märchen ist schön.
Viel Lärm um nichts.
Das Mädchen wurde im März geboren.
Der Förster sägt den Baum um.
Die Leiter steht schief.
Du kommst zu spät.
Ich weine dir keine Träne nach.
Das Pferd prescht vorwärts.
Während wir auf der Terrasse saßen, fing es an zu regnen.

<u>Mehrzahl</u>: Bären, Geräte, Tränen

KOHL VERLAG Der Verlag mit dem Baum www.kohlverlag.de
Die Rechtschreibkartei
120 Aufgabenkarten zur Rechtschreibung - Bestell-Nr. 11 093

120 Unsinnsätze

Lösung

<u>Mögliche Lösungen</u>:

Der Hungerlohn ist sehr erfreulich. Die Betriebsfeier der Maskottchen findet im Computerraum statt. Die Schule backt Milch. Die liebliche Putzfrau maskiert Milch.

KOHL VERLAG Der Verlag mit dem Baum www.kohlverlag.de
Die Rechtschreibkartei
120 Aufgabenkarten zur Rechtschreibung - Bestell-Nr. 11 093